講義形式で学ぶ

「情報I」

大学入学
共通テスト 問題集

[著] 能城茂雄　秋吉祐樹　植垣新一
東京都立三鷹中等教育学校　大分県立中津南高等学校　情報教育人気YouTuber

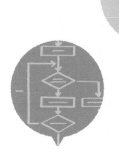

大修館書店

もくじ

‖‖‖‖‖‖‖‖‖‖‖ 「情報 I」で学ぶ4領域 ‖‖‖‖‖‖‖‖‖‖‖

情報社会の
問題解決 コミュニケーションと
情報デザイン コンピュータと
プログラミング 情報通信ネットワークと
データの活用

＊それぞれの問のタイトルは編集部で付けたものであり，原文には付けられていません。

第 ③ 章　実 践 問 題

本 書 の 使 い 方

1　本書の問題構成

第1章　ウォーミングアップ

「情報Ⅰ」の教科の内容を4つの領域に分け，それぞれの領域に関する基礎的な問題で構成しています。授業で学んだ内容を思い出しながら力試しをしましょう。

第2章　問題分析

他教科の「過去問分析」にあたる章です。大学入試センターから公表されている以下3種類の問題を解きながら，「情報Ⅰ」の内容理解を確かなものにしていきましょう。
本書では，それぞれの問題を次の記号・略称で表しています。また，それぞれの問題は下記のURLまたは2次元コードからダウンロードできます。

問題A　検討用イメージ

「情報」試作問題（**検討用イメージ**）（2020年11月公表）

https://www.ipsj.or.jp/education/9faeag0000012a50-att/sanko2.pdf

問題B　サンプル問題

情報　サンプル問題（2021年3月公表）

https://www.dnc.ac.jp/kyotsu/shiken_jouhou/r7/r7_kentoujoukyou/

問題C　試作問題

令和7年度大学入学共通テスト　試作問題『情報Ⅰ』（2022年11月公表）

https://www.dnc.ac.jp/kyotsu/shiken_jouhou/r7/r7_kentoujoukyou/r7mondai.html

第3章　実践問題

本番を想定した形式・分量・難易度の模擬問題です。時間配分も意識して，実力を試しましょう。

2　解説動画の見方

本書のすべての問題には，解説動画がついています。
下記のURLまたは2次元コードからwebサイトにアクセスし，IDとパスワードを入力すると，解説動画を見ることができます。

https://www.taishukan.co.jp/item/j1-mondai/

　ID　：joho1

パスワード　：mondai

第1章 ウォーミングアップ

「情報Ⅰ」で学ぶ内容は，大きく4つの領域に分かれている。

第1章では，領域ごとに基本的な問題をまとめた。

問題を解きながら，「情報Ⅰ」の内容を体系だてて復習しよう。

問1 インターネットを閲覧・利用する際の注意や判断として適当なものを，次の⓪〜④のうちから二つ選べ。ただし，解答の順序は問わない。　ア ・ イ

⓪ 最新の入試情報を集める際は，SNS（X, Instagram）を使うとよい。

① Webサイトで会員登録を行う際，個人情報を送信する必要があるため，URLがhttpsから始まっていることを確認する必要がある。

② 検索サイトの検索結果はユーザの過去の検索履歴やクリック履歴にもとづいて検索結果を提供するため，中立的な結果として捉えてよい。

③ 大学の口コミを検索する際は，1つの情報源だけでなく，異なる情報源からも情報を収集する。

④ 今年度の大学入試情報を集めるため，検索サイトを使って検索した結果，最初に表示されたWebサイトの更新履歴が2年前のものだったが，上位に表示されているので問題ない。

問2 SNSなどを使って情報を発信する際の注意や判断として適当なものを，次の⓪〜④のうちから一つ選べ。　ウ

⓪ SNSから個人が特定されることはないため，自撮り画像や個人情報を投稿してよい。

① 友人Aから送られてきた友人Bの噂は，情報元を確認せずほかの人に共有してよい。

② SNSで知らない人からメッセージが届いたが，人違いの可能性もあるので，自分の情報を伝えた上で，間違っていることを伝えるとよい。

③ SNS上での感情的な反応や炎上には，相手が納得するまで議論したほうがよい。

④ 自分と異なる意見をもつ人々も，投稿を閲覧していることを認識するとよい。

問3 著作権は，創造的な作品に関連する経済的な利益を保護する権利である。権利所有者の許諾なく利用できる例外規定の一部を下記に示す。著作権違反となる場面を，後の解答群のうちから一つ選べ。　エ

【例外規定の一部】

1. 私的使用のための複製：個人的に利用する場合。
2. 引用：自分の論文の中にほかの人の論文の一部を引用する場合。
3. 教育機関における複製：授業担当者と授業を受ける生徒が授業の中で複製する場合。

―――　エ　の解答群　―――

⓪ 授業担当の先生が，インターネット上にある画像を授業で生徒に見せた。

① 生徒が研究レポートを書く際，他人の書いた文章の一部をそのままレポートの中で使った。

② 好きな芸能人の画像をスマートフォンにダウンロードして毎日画像を眺めた。

③ 塾の先生が問題集をコピーして宿題として生徒に配布した。

問4 コンピュータやユーザに被害をもたらすことを目的とした悪意あるソフトウェア（マルウェア）の感染対策として<u>間違っているもの</u>を，次の⓪～③のうちから一つ選べ。 オ

⓪ ソフトウェアやアプリケーションをダウンロードする際は，公式のWebサイトやアプリストアから入手する。

① コンピュータにウイルス対策ソフトをインストールし，定期的にアップデートを行う。

② 不明な送信者からのメールや添付ファイルは開かず，怪しいリンクはクリックしない。

③ コンピュータのオペレーティングシステム（OS）はアップデートすると不具合が出やすいので避けたほうがよい。

問5 情報を安全に保ち信頼性を確保するため，情報を秘密に保つ（機密性），情報が正確かつ最新の状態（完全性），必要なときに情報が利用可能（可用性）など，情報セキュリティ3要素を守ることが大切である。情報セキュリティ3要素に<u>該当しない行動</u>を，次の⓪～③のうちから一つ選べ。 カ

⓪ スマートフォンにパスワードを設定し，ほかの人が操作できないようにする。

① 探究活動で作成した発表用スライドは，定期的にバックアップを取る。

② 友人以外に見られては困るデータは，Webブラウザで圧縮して送信する。

③ オンライン授業を受講する際は，インターネット接続が安定している場所で行う。

問6 情報社会で生きていくためには，インターネットなどの情報手段が個人や社会に及ぼす影響を十分理解し，判断することが求められる。情報社会についての説明で<u>間違っているもの</u>を，次の⓪～③のうちから一つ選べ。 キ

⓪ 情報の過剰な取り込みや，オンラインでのコミュニケーションによって引き起こされるストレスや不安が増える。

① 情報量が増えた分，正しい情報とそうでない情報の取捨選択は容易になった。

② デジタル技術が使えない人たちや地域では情報の恩恵を受けにくい状況があり，社会の不平等が広がる。

③ 個人データの収集と共有が増加し，プライバシー侵害が懸念される。個人情報の漏洩や不正利用のリスクが高まる可能性がある。

問7 問題解決や目標達成をするための手法としてPDCAサイクルがあり、このサイクルを繰り返すことで、問題解決に近づいていく（図1）。高校2年生のAさんは、苦手な数学を克服するためにPDCAサイクルを使うことにした。次の行動をPDCAの順に並べたものを、後の解答群のうちから一つ選べ。 ク

ア．教科書に目を通し、例題や練習問題を解くことで基本的理解を深める。

イ．試験の結果を詳細に分析し、どの単元が理解不足であるかを特定する。もし現在の学習方法が効果的でない場合、異なるアプローチを試してみることを検討する。

ウ．試験での目標点数を80点に設定し、苦手な単元を特定する。その後、学習内容を考え、1日に何時間学習に取り組むかを決める。

エ．一定の学習を終えたら、定期的な試験を受けて、自分の理解度や進捗を確認する。

Plan …問題や目標の特定
Do …計画の実行
Check …結果の評価
Action …問題の原因を特定し、
（Act） 改善策を考える

▲図1 PDCAサイクル

—— ク の解答群 ——

⓪ ア－ウ－イ－エ　①イ－ア－ウ－エ　②ウ－ア－イ－エ　③ウ－ア－エ－イ

問8 情報には、「形がない」「消えない」「簡単に複製できる」「容易に伝播する」といった特性がある。情報の特性として**間違っているもの**を、次の⓪～③のうちから一つ選べ。 ケ

⓪ 動画投稿サイトに、友人が悪ふざけした様子を撮った動画を投稿しても、投稿した本人が削除すれば動画はインターネット上から完全に消去される。

① タブレット上で扱うデータ（テキスト、画像、ビデオ、音声など）は物理的な形をもたず、すべて0と1の2進法で表現される。

② インターネットに投稿した情報は、多くの人にすぐに共有され、拡散される。

③ SNSで友人しか閲覧できない設定で投稿したものでも、第三者が投稿内容を閲覧できる可能性がある。

問9 パスワードの管理方法として最も適当なものを、次の⓪～③のうちから一つ選べ。 コ

⓪ パスワードは本人が覚えられないとよくないので、短く覚えやすいものを使う。

① 学校の先生が生徒用アカウントのパスワードを聞いてきたが教えなかった。

② タブレットを使うため、友だちの見ている前でパスワードを入力した。

③ 複数のパスワードを管理すると、忘れてサービスが使えなくなる可能性があるので、同じパスワードを使う。

解答・解説 p.18

第 2 問

問1 次の文を読み，空欄 ア ・ イ に当てはまる数値を答え， ウ ・ エ に入れるのに最も適当なものを，後の解答群のうちから一つずつ選べ。

太郎さんは，音のデジタル化について調べることにした。デジタル化は，一定間隔に波形を区切って標本点を取り，標本点から最も近い段階値（整数）にしたあと，2進法にする。2進法にする際，設定した段階値すべてを表現できる最小ビット数で表す。図1はデジタル化する前の波形で，縦軸左は電圧，縦軸右は整数にするための段階値，横軸は時間軸を表している。

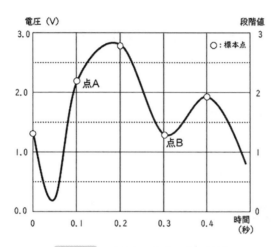

▲図1　デジタル化する音の波形

点Aを整数にすると ア ，点Bを2進法にした値は イ となり，デジタル化することができた。次に，時間軸を区切る間隔を0.1秒間隔から0.05秒間隔にすると， ウ ことがわかった。また， エ ことも発見することで，音に対していっそう興味をもつことができた。

ウ の解答群

⓪ 標本点の数が1/2に減少する
① 標本点の数が2倍に増える
② もとの波形とは違う波形になる
③ 段階値の値が大きくなる

エ の解答群

⓪ 波形（アナログデータ）より標本点のほうが必ず高い位置にある
① 波形（アナログデータ）を区切る回数が増えると，段階値の値も大きくなる
② 波形（アナログデータ）とデジタルデータには誤差が生じる
③ 標本点の位置が変わることによって，標本化の回数が増える

次の文を読み，空欄 オ ・ カ に入れるのに最も適当なものを，後の解答群のうちから一つず
つ選べ。

Aさんは，文化祭で出店するカフェのメニューを作成した。作成時，すべての人が見やすく，情報を簡単
に見つけられるよう配慮し，次のデザイン4原則を意識した。

①近接：関連するものを近づけ，情報を整理する。

②整列：要素を整列させ，見やすくする。

③強弱：違いを強調し，情報の優先度を明確にする。

④反復：同じパターンを繰り返し，統一感をもたせる。

Aさんが考えた図2のメニューを見た先生から， オ と改善のアドバイスをもらった後，完成データ
を印刷した際，プリンタから出力される色の特徴は カ と，美術の授業で学んだことを思い出した。

▲図2　Aさんが考えたメニュー

オ の解答群

⓪ すべてのドリンク画像をページの中央に集めたほうがよい

① 左上タイトルの日本語と英語のフォントサイズを統一したほうがよい

② 商品名や説明・料金のフォントサイズに強弱をつけたほうがよい

③ ページの余白が多すぎるため，1行に並べる商品を4つにしたほうがよい

カ の解答群

⓪ R・G・Bから構成される光の3原色は，3色混ぜると白になる

① R・G・Bから構成される色の3原色は，3色混ぜると黒になる

② Y・M・Cから構成される光の3原色は，3色混ぜると白になる

③ Y・M・Cから構成される色の3原色は，3色混ぜると黒になる

問3 次の文を読み，空欄 キ に入れるのに最も適当なものを，後の解答群のうちから一つ選び，空欄 ク ～ コ に当てはまる数値を答えよ。

写真部に入部したMさんは，画像編集ソフトを使って写真を編集中，画素数と画像サイズの関係に興味をもった。図3のように画像サイズや画素数の設定を変えて，それぞれの画像を比較した結果， キ ということがわかった。（1インチ＝2.54cm）

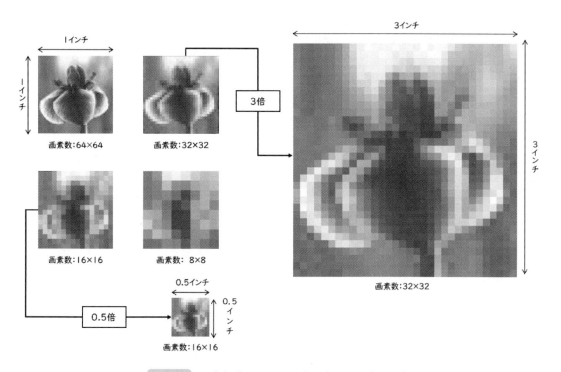

▲ 図3　画像編集ソフトで設定を変えた画像の比較

Mさんは，画面に表示される色の種類についても調査した。画面の色はRGB（赤・緑・青）それぞれに8ビットのデータが割り当てられ，合計24ビットが使用されている。1ビットで2通りの表現が可能であることから，8ビットは ク 通りの表現が可能で，これが3色あることから，約 ケ 万色の表現ができることがわかった。また，画像のデータ量は画素数×色のデータ量で計算できるため，32×32の画素数をもつ画像のデータ量は コ キロバイト（KB）と計算できた。（1キロバイト＝1,024バイト）

キ の解答群

⓪ 画像の滑らかさは，画素数や画像サイズでは決まらない
① 画像サイズが同じなら，画素数の大きい画像のほうが滑らかに見える
② 画素数が同じなら，画像サイズの大きい画像のほうが滑らかに見える
③ 画素数が大きくなるほど，使われる色の数にも制限が出る

解答・解説 p.19

問1 次の文章を読み，空欄 ア ～ キ に入れるのに最も適当なものを，後の解答群のうちから一つずつ選べ。

生徒：今度の文化祭でくじ引き大会をすることになりました。せっかくなので，くじ引きプログラミングを作りたいのですが，何から始めたらいいですか。

先生：それはいいですね！　まずは，大学入学共通テスト用のプログラム表記を使って条件分岐から学んでいきましょう。

例えば，正六面体のサイコロを振って3が出たら「当たり！」と表示し，それ以外なら「はずれ」と表示されるプログラムは次のようになります。

```
Program

（01）saikoro = 3          #サイコロの出目
（02）もし ア ならば：
（03）│ 表示する（"当たり！"）
（04）そうでなければ：
（05）│ 表示する（"はずれ"）
```

生徒：なるほど！　サイコロの出目が1なら「1等」，2～3なら「2等」，それ以外なら「はずれ」と表示するのは，次のようになりますね。

```
Program

（01）saikoro = 3          #サイコロの出目
（02）もし イ ならば：
（03）│ 表示する（"1等"）
（04）そうでなくもし ウ ならば：
（05）│ 表示する（"2等"）
（06）そうでなければ：
（07）│ 表示する（"はずれ"）
```

───── ア・イ・ウ の解答群 ─────

⓪ saikoro == 0　　① saikoro == 1　　② saikoro == 2　　③ saikoro == 3

④ saikoro >= 3　　⑤ saikoro <= 3　　⑥ saikoro > 3　　⑦ saikoro < 3

先生：その通り。このままだと1行目の変数saikoroの値を手入力する必要があるので，乱数を使うといいですね。次の乱数関数を使っていきましょう。

f 関数の説明

乱数(n) …0から引数nとして与えられた整数の中からランダムに1つ返却する。

生徒：ということは，1行目を以下のように変更すればよいですね。

（01）saikoro = 　エ

───　エ　の解答群 ───

⓪ 乱数(6)　　　　　① 乱数(5)　　　　　② 乱数(6)+1　　　　　③ 乱数(5)+1

先生：その通り。では今度は配列を使って景品を表示するプログラムを作成していきましょう。サイコロの目の数に対応するように配列Keihinを作成します。はずれの場合も，アメを渡すとしましょう。

配列名：Keihin | プラモ | ポテチ | チョコ | アメ | アメ | アメ |

このとき添字が0から始まるとした場合，先頭から数えて3番目のチョコの要素を取り出したい場合は以下のように記述すればいいですね。

item = 　オ

───　オ　の解答群 ───

⓪ Keihin+3　　　　　① Keihin[3]　　　　　② Keihin[2]　　　　　③ Keihin[0]

先生：実際はサイコロの目と対応しているので，景品を表示する場合は9行目のように記述します。

```
（01）Keihin = ["プラモ","ポテチ","チョコ","アメ","アメ","アメ"]
（02）saikoro = 　エ　　　　　　　#サイコロの出目
（03）もし　イ　ならば：
（04）│表示する("1等")
（05）そうでなくもし　ウ　ならば：
（06）│表示する("2等")
（07）そうでなければ：
（08）└表示する("はずれ")
（09）表示する("景品：", 　カ　)
```

───　カ　の解答群 ───

⓪ Keihin[saikoro]　　　① Keihin[saikoro-1]　　　② Keihin[1]　　　③ Keihin[saikoro+1]

生徒：完成しましたね！　ただ，一人3回くじを引かせたいです。

先生：それなら，処理全体を繰り返し文で囲むといいですね。3行目の処理で，何回目のくじ引きかも表示するようにしましょう。

```
      ⬡p⬡r⬡o⬡g⬡r⬡a⬡m

（01） Keihin = ["プラモ","ポテチ","チョコ","アメ","アメ","アメ"]

（02） i を  キ  :

（03）   │ 表示する(i+1, "回目")

（04）   │ saikoro =  エ          ♯サイコロの出目

（05）   │ もし  イ  ならば：

（06）   │ │ 表示する("1等")

（07）   │ そうでなくもし  ウ  ならば：

（08）   │ │ 表示する("2等")

（09）   │ そうでなければ：

（10）   │ │ 表示する("はずれ")

（11）   └ 表示する("景品：",  カ  )
```

    キ の解答群

⓪ 0から2まで1ずつ増やしながら繰り返す

① 1から3まで1ずつ増やしながら繰り返す

② 2から0まで1ずつ減らしながら繰り返す

③ 1から2まで1ずつ増やしながら繰り返す

生徒：ループの中に条件分岐があると難しく感じますが，1つ1つを順番に作っていったので理解できました！

先生：大学入学共通テストの「情報Ⅰ」でも，このように入れ子構造で出題される可能性があります。いきなり全体を見ると難しく感じますが，処理の内容を1つ1つ押さえて，この構造に慣れていきましょう。

解答・解説 ▶ p.20

第 4 問

問1 次の文章を読み，空欄 ア に入れるのに最も適当なものを，後の解答群のうちから一つ選べ。また，空欄 イ ～ エ に当てはまる数値を答えよ。

花子さんは，クラスの恋愛事情を常に調査している。「情報Ⅰ」の授業でグラフ理論を習ったことから，花子さんが知っている恋愛関係について，有向グラフを使って可視化することにした。例えば，図1は，太郎君が良子さんに想いを寄せていることを意味する。

▲図1

6人の恋愛事情を表したものは図2の通りである。

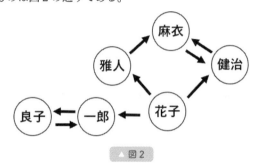

▲図2

図2から， ア ということが読み取れる。

ア の解答群

⓪ 花子さんは一途な恋をしている

① 誰からも想いを寄せられていない人は2人存在する

② それぞれが想いを寄せる人に全員告白した場合，恋人ができない人が2人出る

③ 一番もてている人は花子さんである

花子さんが情報科の先生に図2を見せたところ，とても褒められた上で，データベースやプログラムで扱える形にしてはどうかとアドバイスを受けた。その方法は，隣接行列を使って，想いを寄せているなら「1」，寄せていないなら「0」として全パターンを網羅する方法である。図2を隣接行列で表現すると，表1のように表される。

▼表1 隣接行列

	花子	良子	麻衣	雅人	一郎	健治
花子	0	0	0	1	1	1
良子	0	0	0	0	**イ**	0
麻衣	0	0	0	0	0	1
雅人	**ウ**	0	1	0	0	0
一郎	0	1	0	0	0	0
健治	0	0	**エ**	0	0	0

問2 太郎さんの学校では，放送部とパソコン部がYouTubeを使って情報発信をしている。どちらの部活も，年間でそれぞれ60本の動画をアップした。動画の視聴回数を一覧化し，それを箱ひげ図を使って比較してみた結果は図3の通りである。

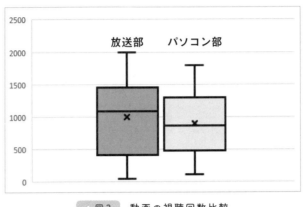

▲ 図3　動画の視聴回数比較

図3から**読み取れないこと**を，次の⓪〜③のうちから一つ選べ。　**オ**

⓪ 放送部よりパソコン部のほうが，データの散らばり度合いが小さい。

① 放送部は30本以上の動画が視聴回数1,000回を超えているが，パソコン部は視聴回数が1,000回を超えている動画は30本に満たない。

② 最大視聴回数は放送部のほうが多く，最小視聴回数はパソコン部のほうが多い。

③ 視聴回数1,500回を超えている動画について，パソコン部は15本以下だが，放送部は15本以上存在する。

問3 花子さんは，将来料理人になってお店を出したいと考えている。そこで，ある飲食店の売上について調査してみることにした。味噌ラーメンと冷やし中華の月別売上個数について調査し，その関係を散布図および回帰直線で表してみた。次の文章を読み，空欄 **カ** 〜 **ク** に入れるのに最も適当なものを，後の解答群のうちから一つずつ選べ。

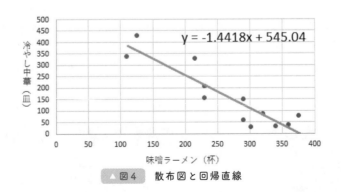

▲ 図4　散布図と回帰直線

図4から，**カ** ということが読み取れる。

さらに，回帰直線を描いている回帰式に注目すると，仮に味噌ラーメンの売上個数が50杯だった場合に，冷やし中華の売上個数は約 **キ** 皿ということが予想できる。

───　カ　の解答群───

⓪ 味噌ラーメンが売れれば冷やし中華も売れる傾向がある

① 一番右側の点は12月である

② 味噌ラーメンと冷やし中華の売上個数の関係には負の相関関係がある

③ 味噌ラーメンと冷やし中華の売上には相関関係が見られない

───　キ　の解答群───

⓪ 50　　　　① 250　　　　② 500　　　　③ 750

　次に花子さんは，この売上の関係は気温が関係している可能性があると考え，月の平均気温も含めて散布図行列を作成した。

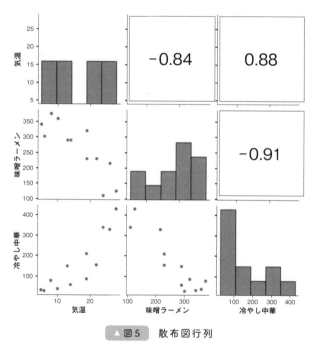

▲図5　散布図行列

図5から，　ク　ということが読み取れる。

───　ク　の解答群───

⓪ 気温が上がるほど味噌ラーメンが売れる

① 気温が下がるほど冷やし中華が売れる

② 気温と味噌ラーメンおよび冷やし中華の売上には相関関係はない

③ 気温が下がると味噌ラーメンが売れ，気温が上がると冷やし中華が売れる

解答・解説 p.20

第１問

まずは動画で確認！

■問1 ア ・ イ ①・③（順不同）
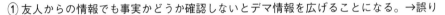

⓪ 信憑性の高い情報を得るには公式サイト，学術機関などのWebサイトを優先する。→誤り

① 送信する情報がSSLで暗号化されているか確認する。→正解

② ユーザの考えに近い検索結果が表示されることがあるので注意が必要。→誤り

③ クロスチェックの説明で，情報の信憑性を高めるため大切。→正解

④ 最新の情報を得る際は，サイトの更新日を見ることが大切。→誤り

■問2 ウ ④

⓪ 個人情報を投稿することで個人が特定されることがある。→誤り

① 友人からの情報でも事実かどうか確認しないとデマ情報を広げることになる。→誤り

② 知らない人からのメッセージは詐欺やスパムの可能性があるため無視する。→誤り

③ 冷静なコミュニケーションを心がけ，コメントは削除するかブロックする。→誤り

④ →正解

■問3 エ ③

③ 塾は教育機関には該当せず例外規定には当てはまらない。また，問題集は利用者が購入することを目的としているため，著作権者の不利益になることからコピーしてはならない。

■問4 オ ③

③ コンピュータのオペレーティングシステム（OS）をアップデートすることは，実際にはセキュリティとパフォーマンスの向上，新機能の追加など多くのメリットがあるため，アップデートを避けるべきではない。

■問5 カ ②

⓪ パスワードを設定し情報を守ることを「機密性」に該当する。

① バックアップを取ることは「完全性」に該当する。

② 重要なデータは「圧縮」ではなく「暗号化」して送信する。

③ 安定した通信を確保することは「可用性」に該当する。

■問6 キ ①

① 情報量が増えた分，正しい情報とそうでない情報を見極めるのが難しくなった。見極める技術がないと，フェイクニュースなどにだまされる可能性が高くなる。

■問7 ク ③

PDCAサイクルでは，結果の評価（Check）から新たな問題点を特定し改善（Action）していくことでサイクルを繰り返していくことが重要である。

■問8 ケ ⓪

⓪ 一度投稿したデータは，誰かが複製して別の場所に再投稿する可能性があるため，完全に消去されるとは限らない。

■問9 コ ①

⓪ パスワードは他者に推測されるような短いものを使ってはいけない。→誤り

① パスワードは他者に教えてはいけない。→正解

② パスワードの入力場面は他者に見られてはいけない。→誤り

③ パスワードの使いまわしはしてはいけない。→誤り

第2問

■問1 　ア　2　　イ　01　　ウ　①　　エ　②

　ア　図1から標本点Aに最も近い段階値は2である。

　イ　標本点Bを整数にして2進法の値にすると1になるが、問題文に「2進法にする際、設定した段階値すべてを表現できる最小ビット数で表す」とあることから、2進法で表現するためには2ビット必要である（0から3の4通りを表現するためには2ビット必要）。よって、2ビット表記の01となる。

　ウ　時間軸を区切る間隔を0.1秒から0.05秒にすると、区切る回数が2倍になることから、標本点の数も2倍になる。

　エ　標本点Bの値は実際は1.3だが、段階値により整数にすると1になるため、0.3の誤差が生じる。

■問2 　オ　②　　カ　③

　オ

⓪ 画像を中央に集めすぎると、見づらくなる。→誤り

① フォントサイズが違うことでメリハリがつく。→誤り

② 同じフォントサイズだとメリハリがないため、フォントサイズを変更、色を変えたりすることで大事な
　 部分を目立たせるとよい。→正しい

③ 余白があると読みやすくなり、情報が整理される。→誤り

　カ　プリンタで使用される色の3原色はYMC（イエロー・マゼンタ・シアン）で、3色混ぜると黒色に近づく。

■問3 　キ　①　　ク　256　　ケ　1677　　コ　3

　キ

⓪ 画素数と画像サイズで滑らかさが決まる。→誤り

① →正しい

② 画素数が同じなら、画像サイズの小さい画像が滑らかに見える。→誤り

③ 使われる色の数と画素数には関係がない。色を表現するために割り当てられたデータ量によって決まる。
　 →誤り

　ク　8ビットでは2の8乗通りが表現できるため、$2^8＝256$となる。

　ケ　256通りを3色で表現するため、$256×256×256＝16,777,216$色の約1677万色が表現できる。

　コ　$32×32×24＝24,576$ビット、ビットをバイトに変換すると$24,576÷8＝3,072$バイト、最後にバイトをキロバイトに変換すると$3,072÷1,024＝3$キロバイトとなる。

第3問

■問1 | ア | ③ | イ | ① | ウ | ⑤ | エ | ③ | オ | ② | カ | ① | キ | ⓪ |

| ウ | 2行目の判定で1は判定済みなので，3以下の場合の条件で1と2が該当する。

| エ | 乱数(5)は0～5を返却し，サイコロの出目は1～6なので，1をプラスする必要がある。

| オ | 添字は0から始まるので，チョコの位置は
添字では2となる。

添字	0	1	2	3	4	5
要素	プラモ	ポテチ	チョコ	アメ	アメ	アメ

| カ | 変数saikoroの範囲は1～6で，Keihin配列は0～5なので，整合性のために1を引く。

| キ | ①でも3回ループするが，3行目の回数表示でiを使って1を足しているので，iは0から始まるのが適切。

第4問

■問1 | ア | ② | イ | 1 | ウ | 0 | エ | 1 |

| ア |

⓪ 花子さんは3人の人に想いを寄せているので，一途とは言えない。→誤り

① 想いを寄せられていない人は矢印が自分に向かっていない人，つまり花子さん1人である。→誤り

② 花子さんと雅人さんが該当する。→正解

③ 一番もてている人は，矢印が集まっている麻衣さんである。→誤り

| イ | ～ | エ | 良子→一郎は矢印があるので | イ | は1，雅人→花子は矢印がないので | ウ | は0，健治→麻衣は矢印があるので | エ | は1となる。

■問2 | オ | ③ |

⓪ パソコン部のほうが箱ひげ図の幅が狭いので，散らばり度合いが小さい。→正しい

① 箱の真ん中にある第2四分位数（中央値）の線が1,000を超えているかどうかで判断する。→正しい

② 最大値は一番上の線，最小値は一番下の線が対応する。→正しい

③ 箱の上端の第3四分位数の線（全体の75％＝45本）に注目すると，どちらも1,500回を下回っている。
→誤り（誤っているものを答える問いなので，これが正答となる。）

■問3 | カ | ② | キ | ② | ク | ③ |

| カ |

⓪ 散布図が右下がりなので，味噌ラーメンが売れれば冷やし中華は売れなくなる傾向がある。→誤り

① 散布図のみでは何月のものかは読み取れない。（対応する表は載せていない。）→誤り

② 散布図が右下がりなので，負の相関がある。→正解

③ 散布図が右下がりなので，負の相関が読み取れる。→誤り

| キ | x軸は味噌ラーメンが対応するので，y＝－1.4418x＋545.04のxに50を代入して計算するとy＝472.95となる。解答群で一番近いのは②500である。

| ク |

⓪ 味噌ラーメンと気温の相関係数は-0.84なので，気温が上がるほど味噌ラーメンが売れなくなる。→誤り

① 冷やし中華と気温の相関係数は0.88なので，気温が下がるほど，冷やし中華は売れなくなる。→誤り

② 相関係数を見る限りいずれも強い相関がある。→誤り

③ 気温と味噌ラーメンには負の相関（-0.84），気温と冷やし中華には正の相関（0.88）がある。→正しい

第2章 問題分析

第2章では，実際の問題に取り組みながら力をつけていく。
大学入試センターから公表されている3種類の問題を
解くことを通して，「情報Ⅰ」の理解を確かなものにしよう。

A

B

C

第1問 次の会話文（**A・B**）の空欄 ア ～ シ に入れる最も適当なものを，後のそれぞれの解答群のうちから一つずつ選べ。

A Webサイトのデータに関する先生と太郎くん（生徒）との会話

先生：最近，よくコンピュータ室にいるけど，何をしているの。

太郎：市役所に協力して，市の広報に使われるWebページの原案を作っています。今は，そのページに載せる市民の写真を選んでいます。

先生：そうすると，写真を撮影した人には ア ⓑ があり，写っている人には イ ⑨ があるので注意が必要だね。

太郎：わかりました。ほかにも市の統計データをわかりやすく見せるグラフを作る予定です。

先生：ところで，市の人口のデータはどこにあるの。

太郎：市役所のWebサイトで，いろんなソフトウェアで取り込み活用できるように ウ ⑤ 形式で公開されています。

先生：それで，太郎君が作ったグラフは，どのように公開されるのかな。

太郎：グラフは エ ② 形式の画像にして公開します。他の人のWebページでも使ってもらいたいのですが，どうしたらいいでしょう。

先生： ア ⓑ 法では，出所を表示し，改変しないなどの オ ⑦ の条件を満たせば誰でも利用できることになっているよ。

太郎：自分としては出所を表示してもらえれば カ ④ なしにグラフを加工してもらっても構わないですよ。そんなときは，どうすればいいですか。

先生：君が作る画像には ア ⓑ が発生するので，この画像の利用方法に関する条件をWebページに明記するか，この図（下図）のような キ ⓑ のアイコンを付けてもいいと思うよ。

> **Point 1** 同じ記号の空欄が複数存在する場合，はじめの部分で答えがわからなくても，後の部分がヒントになることがある。

> **Point 2** 今回はクリエイティブ・コモンズ自体を知っていれば即答できる。今後は，著作者の意思が文章で示され，それに対応したクリエイティブ・コモンズの正しい表示を選ぶ問題などが出題される可能性がある。

B　セキュリティに関する先生と太郎くんとの会話

太郎：最近，Webサーバが **ク⑥** されて， **ケ⑤** したというニュースをよく聞くので，そうならないか心配です。

先生：市役所は **ク⑥** されないよう，組織的な対策をしているはずだよ。きっと，Webサーバがある市役所内部のネットワークと外部のネットワークとの間に **コ①** を置いているよ。

太郎：他に組織的に行っているセキュリティ対策はありますか。

先生：そうだね。組織として **サ②** を行って，限定された担当者だけにサーバ内のファイルを操作する資格を与えているはずだよ。 **サ②** されたコンピュータに対して，他人のユーザIDやパスワードを不正に使用したり，セキュリティホールを突いてサーバに侵入したりする行為は，法律で **シ⑤** 行為とされ，禁止されているからね。

解説 p.24

― **ア** ～ **エ** の解答群 ―

⓪ ZIP　　① MPEG　エ② PNG　　③ PCM

④ PDF　ウ⑤ CSV　　⑥ HTML　　⑦ LOG

⑧ 開示権　イ⑨ 肖像権　　ⓐ 商標権　ア⓫ 著作権

Point 3　⓪～⑦はファイル形式（ウ・エ），⑧～ⓑは権利（ア・イ）である。文脈から選択肢を絞り込める。

解説 p.25

― **オ** ～ **キ** の解答群 ―

⓪ ファイル共有　　① 模倣　　　　② 署名　　　　　③ 仕様

カ④ 利用許諾　　　⑤ 感染　　　　⑥ 個人認証　　オ⑦ 引用

⑧ 著作権マーク　　⑨ 登録商標マーク　ⓐ トレードマーク　キⓑ クリエイティブ・コモンズ

解説 p.26

― **ク** ～ **コ** の解答群 ―

⓪ オペレーティングシステム　コ① ファイアウォール　　② デッドロック　　③ バリケード

④ ストリーミング　　ケ⑤ 情報漏洩　　ク⑥ 不正侵入　　⑦ フィッシング

⑧ スキミング　　　　⑨ 監視カメラ

解説 p.27

― **サ** ・ **シ** の解答群 ―

⓪ フロー制御　　① 情報格差　　サ② アクセス制御　　③ 情報操作

④ バックアップ　シ⑤ 不正アクセス　　⑥ 違法アクセス

■A ア ・ イ の解説 ＼＼＼＼＼＼＼＼＼＼＼＼＼＼＼＼＼＼

考え方

ア は写真を撮影した人に， イ は写真に写っている人に与えられる権利の名称が問われている。選択肢を確認すると，権利を表しているのは「○○権」となっている⑧〜ⓑに絞り込める。それぞれの権利の概要は以下の通りである。

⑧**開示権**…正式名称は開示請求権。政府に対し，その保有する情報の開示を求めることができる権利のこと。

⑨**肖像権**…人によって自身の容貌や姿態を撮影・公開されない権利のこと。肖像とは特定の人間の外観を表現した絵画や写真，彫刻などのことを指す。

ⓐ**商標権**…商品やサービスなどのマーク・名称を保護する権利のこと。

ⓑ**著作権**…自分が創作した著作物を無断でコピーされたり利用されたりしない権利のこと。著作権法上の著作物の範囲は，「思想または感情を創作的に表現したもので，文芸・学術・美術または音楽の範囲に属するもの」とされている。

ア については，写真美術館などの用語があるように，写真も美術の範囲となるため著作物に含まれる。よって正答はⓑ**著作権**となる。著作権は，役所に届け出る必要はなく，著作物を創作した時点で著作者（作品を作った人）に一定期間与えられる権利である。このことを**無方式主義**という。

イ については，写真に写っている人に与えられる権利が問われている。よって正答は⑨**肖像権**となる。肖像権と絡めてよく出題される用語として，**パブリシティ権**がある。パブリシティ権は，芸能人や著名人など，肖像自体に金銭的な価値がある人に与えられる権利で，他人によって名前や肖像を商品や宣伝等に勝手に使用されない権利である。肖像権は誰にでも与えられる権利で，パブリシティ権は一部の人に与えられる権利であることも併せて覚えておこう。

■A ウ ・ エ の解説 ＼＼＼＼＼＼＼＼＼＼＼＼＼＼＼＼＼＼

考え方

適切なファイル形式が問われている。ファイル形式を表している選択肢は⓪〜⑦に絞り込める。それぞれのファイル形式の概要は以下の通りである。

⓪**ZIP**…データサイズを圧縮したり，複数のファイルを1つにまとめたりするファイル形式。

①**MPEG**…動画・音声データのファイル形式。

②**PNG**…画像データのファイル形式。

③**PCM**…音声データのファイル形式。

④**PDF**…電子文書のファイル形式。

⑤**CSV**…各項目がカンマ（,）で区切られた，シンプルなテキストデータのファイル形式。

⑥**HTML**…Webページのデータのファイル形式。

⑦**LOG**…起こった出来事についてのデータ（ログ）を記録するファイル形式。

この中で，ソフトウェアで取り込み活用できるファイル形式は，シンプルな形式のテキストデータである**CSV**形式である。CSV形式は，シンプルでデータ量が軽いため，異なるソフトウェア間のデータのやり取りなどに使われることが多く，互換性の高いファイル形式である。よって， ウ の正答は⑤**CSV**となる。また，画像ファイルの形式はPNG形式であることから， エ の正答は②**PNG**となる。

■A オ ～ キ の解説

考え方

　いずれも著作権関連の知識問題である。著作権法では，他人の著作物を利活用する場合は原則として著作権者の許可（利用許諾）を得る必要がある。しかし，著作物等の公正な利用の目的で，一定条件を満たせば許可なしに著作物を利活用することができる。これを**著作権の制限**といい，その一つに，自分の著作物に他人の著作物を引用して利用することができる規定がある。引用には以下のような要件を満たす必要がある。

●必要性があり主従関係が明白である。

●引用した部分が明確である（改変しないこと）。

●出典（引用文献）を明記していること。

　よって， オ の正答は⑦**引用**となる。

　カ ・ キ は，クリエイティブ・コモンズ（クリエイティブ・コモンズ・ライセンス）というマーク（アイコン）に関する問いである。国際的非営利組織であるクリエイティブ・コモンズが提供しているもので，作品を公開する著作者が「この条件を守れば利用許諾なしに自分の著作物を使ってかまわない」と意思表示をするためのツールである。以下の4つのアイコンを組み合わせて意思表示する。

BY（表示） Attribution	NC（非営利） Noncommercial	ND（改変禁止） NoDerivativeWorks	SA（継承） ShareAlike
著作者や作品に関する情報を表記しなければならない。	営利目的での利用を禁止する。「$」以外に「¥」などの通貨記号が用いられることもある。	作品自体を改変（加工・編集）せずに，作品の全部または一部をそのまま利用するようにする。	作品を改変して新しい作品を作った場合，その新しい作品にも元の作品と同じライセンスを付ける。

　今回の問題ではBY（表示）とNC（非営利）のアイコンがあることから，著作者情報を表示し，非営利目的なら利用許諾なしに利用してよいという意味になる。よって， カ の正答は④**利用許諾**， キ の正答は⑥**クリエイティブ・コモンズ**となる。

■B ク・ケ・コ の解説

考え方

情報セキュリティ関連の基礎知識が問われている。 ク ・ ケ に関しては文脈から， コ に関しては用語の意味を知っていれば答えられる問題である。各選択肢の意味は以下のようになる。赤字の用語については，正答でないものも今後の共通テスト対策として覚えておいてほしい。

⓪ **オペレーティングシステム**…コンピュータのオペレーション（操作・運用・運転）を司るシステムソフトウェア。OSともいう。

① **ファイアウォール**…インターネットを通じた外部からの不正アクセスなどから内部にある機器・データを守る機能があるもの。ネットワークの境界に置かれるものや個人のPCに導入されるものもある。

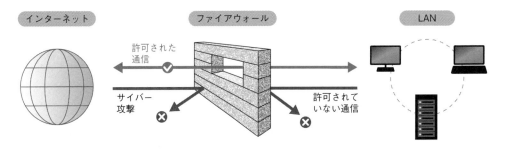

② **デッドロック**…お互いが相手の作業が終わるのを待っていて，どちらも身動きが取れなくなっている状況のこと。

③ **バリケード**…物理的な攻撃などを防ぐためのもの。ネットワーク用語ではなく，ファイアウォールと誤って選ぶ可能性があるひっかけの選択肢。

④ **ストリーミング**…動画や音声をダウンロードしながら再生する方式。

⑤ **情報漏洩**…内部に留めておくべき情報が何らかの原因により外部に漏れてしまうこと。

⑥ **不正侵入**…不正な手段を用いて侵入すること。

⑦ **フィッシング**…金融機関などからの正規のメールやWebサイトを装い，暗証番号やクレジットカード番号などを詐取する詐欺。

⑧ **スキミング**…クレジットカードの磁気ストライプに記録されている情報のみを盗む犯罪。

⑨ **監視カメラ**…何らかの対象を監視するためのビデオカメラのこと。

　ク については，Webサーバが「～されて」と受け身形であることから，用語の意味と照らし合わせると「不正侵入されて」が文脈と合う。よって正答は⑥**不正侵入**となる。

　ケ は，不正侵入された結果として起こり得ることである。Webサーバにはさまざまな情報が保存されていることがあり，中には非公開の情報も存在する可能性がある。不正侵入された結果として，それらが盗まれ，情報漏洩につながる可能性がある。よって正答は⑤**情報漏洩**となる。

　コ は外部からの不正侵入を防ぐためにネットワークの境界に置くものであり，正答は①**ファイアウォール**となる。

■B サ ・ シ の解説

考え方

　　サ は、「限定された担当者だけにサーバ内のファイルを操作する資格を与える」という行為にあたる用語が問われている。例えば学校の成績管理ファイルがある場合、先生はアクセスできるが生徒からはアクセスできないようにしなければならない。このように、特定の条件を満たした人だけがサイトやファイルなどにアクセスできるようにすることを**アクセス制御**という。よって正答は②**アクセス制御**となる。

　　シ は、「他人のユーザIDやパスワードを不正に使用したり、セキュリティホールを突いてサーバに侵入したりする行為」の名称を答える問題である。空欄の直前に「法律で」とあるので、法律上の正式名称を答えなければならない。不正アクセス行為の禁止等に関する法律（不正アクセス禁止法）では、システムなどに不正にログインする行為のことを**不正アクセス**と呼んでいる。⑥違法アクセスは法律用語ではない。よって正答は⑤**不正アクセス**となる。

第2問　後の各問いに答えよ。

問1　次の記述A～Dの空欄 ｜ ア ｜～｜ オ ｜ に当てはまる数字をマークせよ。

解説 p.30～31

A　47都道府県それぞれに同じ長さの，異なるビット列をIDとして割り当てたい。

　　このとき一つのIDに必要な最小のビット数は，｜ ア 6 ｜ビットである。

→ 47通り表現するには最低何ビット必要かという意味。

B　1フレームあたりのデータ量が1Mバイトで，1秒あたり24フレーム表示される動画ファイル

　　形式を用いた場合，1.5Gバイトの動画ファイルの再生時間は ｜ イウ 64 ｜秒である。ただし，1

　　Gバイト＝1024Mバイトとし，圧縮については考えないものとする。

→ 問題によっては1Gバイト＝1000Mバイトとして出題される可能性もある。ただし書きも注意して読もう。

C　MさんとAさんはカードの数字当てゲームをすることにした。これは，「はい」「いいえ」で

　　答えられる質問をしながら相手の引いた1枚のカードを当てるものである。カードは100枚あ

　　り，1から100までの番号が振られている。

　　　質問は，「番号は5以上ですか」「番号は5より小さいですか」といった質問ができ，質問され

　　た側は，正直に「はい」「いいえ」で答えるものとする。Aさんが引いたカードをMさんが確実

　　に当てるために必要な質問の最少回数は ｜ エ 7 ｜回である。

D　4種類の天気，「晴れ」，「曇り」，「雨」，「雪」をそれぞれビット列00,01,10,11で表す。午前0

　　時から3時間ごとに，その時点での天気をいずれかのビット列で表して記録する。1日分の天気

　　を示すビット列を16進法で表すためには，｜ オ 4 ｜桁が必要である。

→ 2進法4ビットは，16進法1桁で表すことができる。

[例]　$1111_{(2)} \rightarrow F_{(16)}$

2

問2

Mさんはスマートフォンで動画を撮りたいと考えた。しかし，スマートフォンのデータ保存用メモリの空き容量が足りるか心配になったため，動画撮影アプリの設定画面（図1）で画像サイズ等の設定を変えることでデータ量を小さくしたいと考えた。

次のⅠ〜Ⅲの設定で撮影された1秒あたりの動画のファイルサイズを，小さい順に不等号で区切り並べたものを次の⓪〜⑤のうちから一つ選べ。なお，圧縮などは考えないものとする。　ア⓪

図1　動画の設定画面

● 1ピクセルあたりのデータ量

表1　動画撮影の設定

記号	色数	フレームレート	画像サイズ（ピクセル）
Ⅰ	16,777,216色（24bit）	60fps	1280 × 720
Ⅱ	16,777,216色（24bit）	30fps	1920 × 1080
Ⅲ	256色　（8bit）	30fps	3840 × 2160

● $256 = 2^8$ なので 8bit 必要。
8bit が 1 ピクセルあたりのデータ量となる。

解説 p.32

――　ア　の解答群 ――

○ ⓪ Ⅰ＜Ⅱ＜Ⅲ　　① Ⅰ＜Ⅲ＜Ⅱ　　② Ⅱ＜Ⅰ＜Ⅲ　　③ Ⅱ＜Ⅲ＜Ⅰ

④ Ⅲ＜Ⅰ＜Ⅱ　　⑤ Ⅲ＜Ⅱ＜Ⅰ

解 説

▶ まずは動画で確認！

■問1A ア の解説

💡 考え方

ア は，47都道府県（47通り）を表すのに必要な最小ビット数が問われている。

例えば，1ビットで表現できるのは「0」と「1」の2通りである。つまり，0を大分県，1を東京都というように紐づけても2通りまでしか表現できない。

2ビットで表現できるのは「00」「01」「10」「11」の4通りである。

2進法1桁（1ビット）で表すことができるのは2通りなので，3ビット（3桁）の場合は $2 \times 2 \times 2 = 2^3 = 8$ 通り表すことができる。

ここまでをまとめると，区別できる状態の数は，1ビットの場合は 2^1 通り，2ビットの場合は 2^2 通り，3ビットの場合は 2^3 通り，…と増えていき，一般化すると，nビットの場合は 2^n 通りの状態（情報量）を表すことができる。

以上のことより，47都道府県（47通り）を表すには，5ビット（32通り）では足りないが，6ビットあれば64通り表すことができる。よって， ア の正答は⑥（6ビット）である。

1ビット	2^1	2通り
2ビット	2^2	4通り
3ビット	2^3	8通り
4ビット	2^4	16通り
5ビット	2^5	32通り
6ビット	2^6	64通り
⋮		
nビット	2^n	2^n 通り

■問1B イウ の解説

💻 基礎知識

動画は，パラパラ漫画のように複数の静止画を組み合わせて動きを表現している。この1つ1つの静止画のことをフレームという。1秒間の動画が何枚の静止画（フレーム）で構成されているかを示す単位をフレームレートといい，単位を fps（frames per second）で表す。

例えば24fpsの場合は，1秒間に24枚の静止画が使われていることになる。フレームレートが小さいとカクカクした動画，大きくなると滑らかな動画になるが，その分データ量は大きくなる。

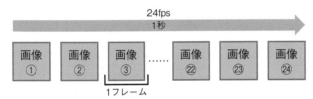

💡 考え方

イウ は，1.5Gバイトの動画ファイルの再生時間（秒）が問われている。

1フレームあたり1Mバイト，1秒あたり24フレームなので，1秒あたりのデータ量は，1Mバイト×24フレーム＝24Mバイト/秒となる。

動画ファイルのデータ量は1.5Gバイトと単位がGバイトなので，1秒あたりのデータ量（Mバイト）と単位を同じにしたほうが計算しやすい。本文より，1Gバイト＝1024Mバイトなので，1.5GバイトをMバイトに変換すると，1.5×1024Mバイト＝1536Mバイトとなる。

動画ファイルの再生時間（秒）は，「動画ファイルのデータ量÷1秒あたりのデータ量」で求められる。これに当てはめると以下のようになる。

動画ファイルの再生時間（秒）＝1536（Mバイト）÷24（Mバイト/秒）＝64（秒）

よって， イウ の正答は⑥④（64秒）である。

■問1C  エ の解説 ▚▚▚▚▚▚▚▚▚▚▚▚▚▚▚▚▚▚▚▚▚▚▚

考え方

　エ は，質問で範囲を狭めていきながら1から100までの番号のうち1つの番号を確実に当てる場合の最小回数が問われている。

　例えば，右図のように1～5までの番号で範囲を半分ずつに狭めていきながら質問していった場合で考えてみる。引いた数が2番の場合は，確実に当てる（番号を一つに絞る）ためには最低3回質問をしなければならない。仮に引いた数が5番の場合は，2回の質問で確定する。この問題では，どの数字でも確実に当てることができる回数を求める必要がある。そのため，分割が大きいほうの範囲を優先して，対象範囲を5→3→2→1と狭めていく。質問回数は矢印の数と一致するので，3回となる。この考え方を100個の番号で置き換えると，質問するごとに範囲は100→50→25→13→7→4→2→1と狭まっ

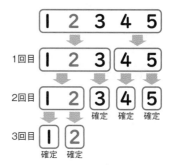

ていく。矢印の数が質問回数と一致するので，確実に当てるための質問の最小回数は7回である。よって，エ の正答は⑦（7回）である。

　別の考え方として，質問回数をn回とした場合，2^n個に番号が分割できる。番号の数÷分割数が1以下になれば番号が一つに絞り込める。つまり，100個の番号がある場合，2^7=128となり100÷128は1以下になる。指数部が質問回数なので，7回となる。

■問1D オ の解説 ▚▚▚▚▚▚▚▚▚▚▚▚▚▚▚▚▚▚▚▚▚▚▚

考え方

　オ は，1日分の天気を示すビット列を16進法で表すための桁数が問われている。16進法の1桁は4ビット（2進法の4桁）で表せることを知っておく必要がある。例えば，16進法のFは2進法では1111となる。

　天気が晴れ・曇り・雨・雪の4種類あり，1種類の天気を表すのに2ビット必要である。天気は3時間ごとに記録することから，24時間÷3時間＝8となり8回記録されることになる。

　1日分を記録する場合は，以下の例のように2ビット×8回で16ビット必要である。

0～3時	～6時	～9時	～12時	～15時	～18時	～21時	～24時
晴れ	曇り	雨	雨	雪	雪	曇り	晴れ
00	01	10	10	11	11	01	00

　先ほど説明したように，4ビットは16進法1桁で表現できるので，1日分の記録ビットの16ビット÷4ビットを計算すると4（桁）となる。よって，オ の正答は④（4桁）となる。

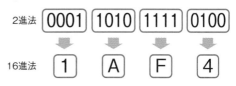

まずは動画で確認！

基礎知識

テレビやスマートフォンのディスプレイに映し出されるカラー画像は，1画素に24ビット（bit）の色データを割り当てている。R（赤），G（緑），B（青）をそれぞれに8ビット（256色）割り当てることで16,777,216色の色を表現している。

考え方

ア　は，動画のファイルサイズを小さい順に並べ替える問題である。動画は静止画をパラパラ漫画のように複数組み合わせることで動きを表現している。そのため，静止画1枚あたりのデータ量を求めて，それにフレームレート（1秒あたりの静止画の数）を掛ければ，1秒あたりの動画のデータ量を求めることができる。

この問題を解く手順は以下の通りである。
①1ピクセルあたりのデータ量を求める
②1フレーム（静止画1枚）あたりのデータ量を求める
③動画1秒あたりのデータ量を求める

①1ピクセルあたりのデータ量を求める

デジタル画像は，小さな点の集まりで構成されており，そのひとつひとつの点をピクセル（画素）という。1ピクセルあたりのデータ量は，表せる色数によって変わってくる。例えば，白と黒の2通りの色の場合，白を0，黒を1と対応づければ2通り表現できるので，1bitあればよいことになる。

記号Ⅰ・Ⅱのものは，色数が16,777,216色なので，1ピクセルあたり24bit必要となる。このビット数は，$16,777,216=2^{24}$の指数部の数と同じになる。記号Ⅲについては，256色を表すには何ビット必要かを求める必要がある。$256=2^8$なので，1ピクセルあたりのデータ量は8bitということになる。

bitの単位のままでもよいが，この後の計算をしやすくするために，バイトに変換してもよい。8bit＝1バイトなので，バイトの単位にするためには8で割ればよい。つまり24bit＝3バイト，8bit＝1バイトになる。よって，1ピクセルあたりのデータ量は，記号Ⅰ・Ⅱは3バイト（24bit），記号Ⅲは1バイト（8bit）となる。

②1フレーム（静止画1枚）あたりのデータ量を求める

　1フレーム（静止画1枚）あたりのデータ量は，1ピクセルあたりのデータ量×総ピクセル数で求めることができる。総ピクセル数は横のピクセル数×縦のピクセル数のことなので，表1の画像サイズ（ピクセル）が総ピクセル数の計算式と一致する。つまり，記号Ⅰ～Ⅲの静止画1枚のデータ量（1フレームあたりのデータ量）は，以下の通りとなる。

記号	計算式 1ピクセルあたりのデータ量×総ピクセル数	1フレームあたりのデータ量
Ⅰ	3（バイト）× 1280 × 720	2,764,800（バイト）
Ⅱ	3（バイト）× 1920 × 1080	6,220,800（バイト）
Ⅲ	1（バイト）× 3840 × 2160	8,294,400（バイト）

③動画1秒あたりのデータ量を求める

　動画1秒あたりのデータ量は，1フレーム（静止画1枚）あたりのデータ量×フレームレート（fps）で求めることができる。フレームレート（fps）は既に与えられていることから，計算式に当てはめると以下のようになる。

記号	計算式 1フレームあたりのデータ量×フレームレート	動画1秒あたりのデータ量
Ⅰ	2,764,800（バイト）× 60（fps）	165,888,000（バイト）
Ⅱ	6,220,800（バイト）× 30（fps）	186,624,000（バイト）
Ⅲ	8,294,400（バイト）× 30（fps）	248,832,000（バイト）

　求めたデータ量を昇順（小さい順）に並べると，Ⅰ→Ⅱ→Ⅲの順になる。よって，　ア　の正答は⓪Ⅰ＜Ⅱ＜Ⅲとなる。

第3問 次の文章を読み，空欄 ア ～ ウ に入れるのに最も適当なものを，文の後の解答群のうちから一つ選べ。

> 二値化は，画像を白と黒の2色（二値）のみで表現すること。

　ある菓子メーカーの工場では，出来上がったせんべいを袋詰めする前に製造ライン上でカメラ撮影して，割れや欠けなどの不良品の検出を自動で判別する装置を導入している。装置は，割れや欠けがあるせんべいを判別しやすいように撮影した画像を白と黒の2階調に変換（二値化）して処理をしている。図1は写真1の画素を明度でヒストグラムに表したものである。二値化を行う際の濃度変換の分かれ目となる濃度値（しきい値）をAとBとした場合，しきい値Aの時の画像は ア⓪ であり，しきい値Bの時の画像は イ④ となる。

　また，この装置では割れや欠けがあるせんべいを判別しやすいようにプログラムで自動的に二値化のしきい値を決めている。図1のように，明度と画素数のヒストグラムにおいて二つの山型があった場合，最適なしきい値は ウ④ と判断することができる。

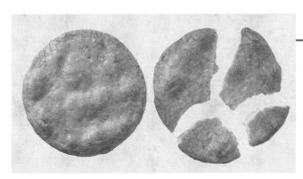

写真1　せんべいの写真

> 写真1と図1の関係性を理解することが大切。
> 写真1は大きく「せんべい」と「背景」からなっている。
> 明度はせんべいのほうが暗く（黒に近い），背景のほうが明るい。

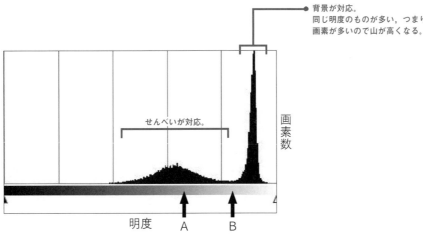

> 背景が対応。
> 同じ明度のものが多い，つまり同じ色の画素が多いので山が高くなる。

せんべいが対応。

画素数

明度　　A　　B

図1　明度と画素数

Point
1

二値化処理をした画像を選ぶので，
黒と白以外の色（グレー）が含まれている①②⑤は除外する。

ア ・ イ の解答群

解説 p.36

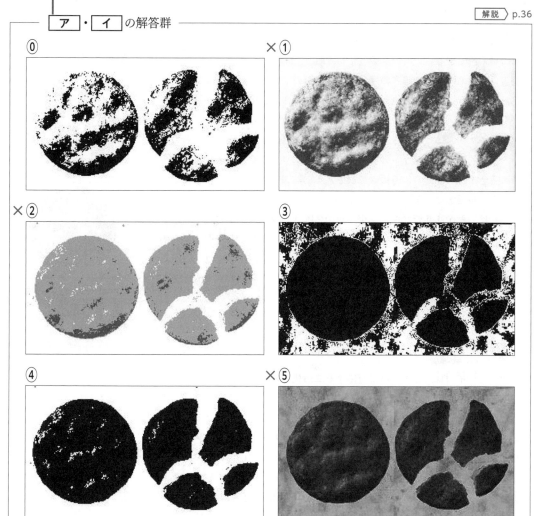

⓪

× ①

× ②

③

④

× ⑤

ウ の解答群

解説 p.37

⓪ 低い山の最も画素数が多い明度

① 高い山の最も画素数が多い明度

② ヒストグラムの中央値の明度

③ ヒストグラムの平均値の明度

○④ 二つの山の間の最も画素数が少ない明度

⑤ 山に関係なく画素数が最も多い明度

2

問題分析

問題

Ⓐ

検討用イメージ

■第3問 ア ・ イ の解説

💻 基礎知識

画像のデジタル表現について，今回の問題を解く上で重要になるキーワードについて説明する。

明度は，色の明るさや暗さの度合いを示すものである。明度が高い色は明るく，明度が低い色は暗く見える。この光の明るさが変化する段階数を階調という。256階調の場合は，256段階で変化する。

グレースケールは，明るさの情報を白から黒までの階調で表現したものである。一般的なグレースケール画像では，画素の明度は0（完全な黒）から255（完全な白）までの256段階で表される。写真1のせんべいの写真もグレースケール画像である。

二値化は，画像を完全な白と完全な黒の2色（二値）のみで表現することである。この二値化を行う際の明度の基準値をしきい値という。例えば，明度が256階調の場合，しきい値を128に設定すると，128より明るい画素は白に，それ以下の画素は黒に変換される。つまり，二値化は，階調数を2つ（二値）のみにすることである。

💡 考え方

ア ・ イ は，しきい値に対応する二値化した画像を選ぶ問題である。

［基礎知識］で説明したように，二値化した画像は白と黒のみであり，グレーは含まれない。選択肢①②⑤はグレーが含まれているため，解答候補から除外することができる。

写真1と図1の関係性を確認していこう。写真1は，大きく「せんべい」と「背景」からなっている。明度は，せんべいのほうが暗く（黒に近い），背景のほうが明るい（白に近い）。また，背景は同じ明るさの割合が多いように見える。図1は，明度に対応する画素数をグラフ化したものである。右側の高い山は，明度が高く（明るく），同じ明度の画素が多いことから，背景の部分が対応していることが推測できる。また，左側の低いなだらかな山は，明度が低く（暗く），明度の幅が広いことから，せんべいが対応していると推測できる。

次に， ア に対応するしきい値Aの位置について確認していく。

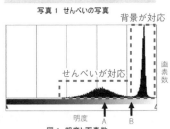

写真1 せんべいの写真

図1 明度と画素数

二値化処理を行うと，Aの位置より左側に属する明度の画素は黒になり，右側に属する明度の画素は白になる。背景が対応する右側の山は白のゾーンに入っていることから，背景はすべて白になると推測できる。また，せんべいが対応する左側の山に関して，しきい値が山の真ん中あたりなので，せんべいの画像の比較的明度が明るい部分は白になり，暗い部分は黒になると推測できる。

以上のことから，背景が白，せんべいに黒と白の入り混じった画像を探すと⓪が該当する。よって， ア の正答は⓪である。

次に，　イ　に対応する，しきい値Bの位置について確認していく。

　二値化処理を行うと，Bの位置より左側に属する明度の画素は黒になり，右側に属する明度の画素は白になる。背景が対応する右側の山は白のゾーンに入っていることから，背景はすべて白になると推測できる。また，せんべいが対応する左側の山に関して，ほとんど黒のゾーンに入っていることから，せんべいは黒一色になると推測できる。以上のことから，背景が白，せんべいが黒の画像を探すと④が該当する。よって，　イ　の正答は④である。

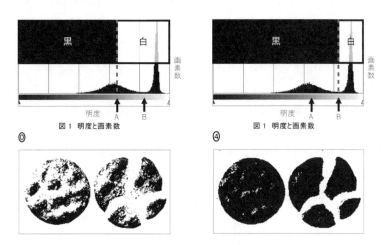

■第3問　ウ　の解説

💡 考え方

　ウ　は，図1のように明度と画素数のヒストグラムにおいて2つの山形があった場合の最適なしきい値の考え方が問われている。

　二値化の使用例の一つとして，物体の形状や輪郭を識別する形状認識がある。今回もせんべいの形状を認識するのが目的であるため，認識したい物体と背景を明確に分けることで形状の特徴を認識しやすくなる。　イ　で検証したように，せんべいの明度の山と背景の明度の山の境目をしきい値とすることで，物体と背景を明確に分けることができた。

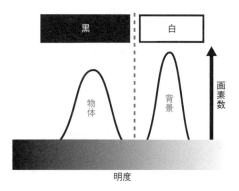

　以上のことより，　ウ　の正答は④「二つの山の間の最も画素数が少ない明度」である。

第4問　次の文章を読み，空欄　ア　〜　ウ　に入れる最も適当なものを，後のそれぞれの
解答群のうちから一つずつ選べ。

　Aさんの学校の近くにある国道と県道が交差する交差点では，朝の通勤時間帯（8:00〜8:30）
に県道でひどい渋滞が発生する。Aさんは学校の課題研究で，この交通渋滞を緩和できないか現状
を調査し，シミュレーションしてみることにした。

　まず，現状の交通量や信号の時間などを調査したところ，次のようなことが分かった。なお，渋
滞するのは矢印の進行方向のみであり，反対の進行方向は考えないものとする。

- 青信号の時，10秒間に片側2車線の国道は20台の車が交差点を通過でき，片側1車線の県道
  は10台の車が交差点を通過できるが，それを超える台数は通過できない（信号待ち）。
- 国道は60秒間の青信号と30秒間の赤信号が交互に変わり，県道の信号はその逆となる。
- 10秒間に交差点（信号待ちしている車がある場合は，その最後尾）に到着する車は国道は8
  〜12台，県道は3〜4台である。

> シミュレーション問題は，状況をイメージすることが大切である。国道
> と県道の話が入り混じっているので，混同しないよう図1に要素（車
> の通過できる台数，信号の時間など）を書き込むことも有効である。

図1　国道と県道の交差点

　この現状の条件のもとシミュレーションしてみることにした。ここで，10秒間に到着する車の
台数は乱数で決まることとし，8:00時点の信号待ちの車は0台と仮定する。

　到着台数が図2のようになった場合，信号待ちの渋滞台数の結果は図3となった。

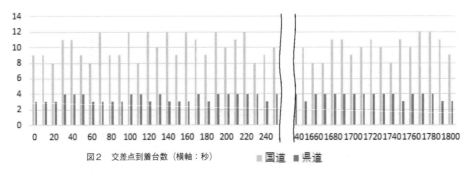

図2　交差点到着台数（横軸：秒）　　■国道 ■県道

　Aさんは，現状の条件のうち，到着台数を変えずに　ア③　したところ図4のようになった。この
結果から，現状の条件と比べ　イ③　と　ウ⑤　が分かった。そこで，Aさんは地元警察に　ア③　する
ことを提案した。

（順不同）

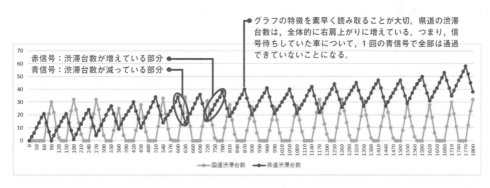

グラフの特徴を素早く読み取ることが大切。県道の渋滞台数は，全体的に右肩上がりに増えている。つまり，信号待ちしていた車について，1回の青信号で全部は通過できていないことになる。

赤信号：渋滞台数が増えている部分
青信号：渋滞台数が減っている部分

図3　シミュレーション結果（横軸：秒，縦軸：渋滞台数）

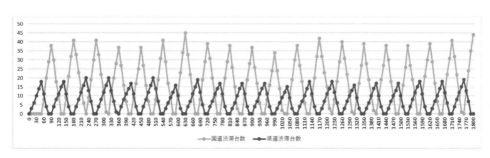

図4　条件を変えたシミュレーション結果（横軸：秒，縦軸：渋滞台数）

図3と図4を比較してどのように変化しているかを確認する。

解説 ▷ p.40

── ア の解答群 ───────────────

⓪ 国道の青信号の時間を50秒，赤信号を50秒に変更

① 国道の青信号の時間を70秒，赤信号を50秒に変更

② 国道の青信号の時間を70秒，赤信号を60秒に変更

○③ 国道の青信号の時間を50秒，赤信号を40秒に変更

解説 ▷ p.41

── イ ・ ウ の解答群 ───────────────

⓪ 県道において8:00〜8:30の30分間に交差点を通過した車の台数は変わらないこと

① 国道において8:00〜8:30の30分間に交差点を通過した車の台数は増えていること

② 信号の切り替わりの時点において，国道と県道合わせて渋滞している車の最大台数があまり変わらないこと

○③ 信号の切り替わりの時点において，国道と県道合わせて渋滞している車の最大台数が少なくなること

④ 県道だけでなく国道の交差点での混み具合も改善されたこと

○⑤ 国道・県道共に交差点にさしかかる車は青信号であればおおよそ通過できること

■第4問 ア の解説 //

💡 考え方

　 ア は，図3のシミュレーション結果について，国道の青信号および赤信号の時間をどのように変更したら図4のようになるかが問われている。

　まずは，変更前の国道と県道のシミュレーション条件の違いについて正しく読み取ることが大切である。まとめると以下のようになる。

	国道	県道
10秒間の通過台数（青信号）	20台	10台
青信号の秒数	60秒	30秒
赤信号の秒数	30秒	60秒
10秒間の到着台数	8〜12台	3〜4台

　次に，図2について確認する。横軸が8:00から8:30までの経過時間（秒）を表しており，0秒から1,800秒（30分）となっている。縦軸が車の到着台数を示しており，国道と県道のそれぞれの到着台数が10秒間隔で示されている。棒グラフより，国道は8〜12台，県道は3〜4台の条件を満たしていることが確認できる。

　次に図3は，現状の条件でのシミュレーション結果を表している。横軸は経過時間を表しており，0秒から1,800秒（30分），縦軸は渋滞台数を表している。

　まずは，図3の国道渋滞台数の折れ線グラフについて確認していく。国道は0秒から60秒まで渋滞台数0が続いている。これは青信号で車が通過している（渋滞していない）ことを表している。その後60秒から90秒までは渋滞台数が増加しているが，これは赤信号で車が止まっていることを示している。赤信号の間も10秒間に8〜12台到着しているので，青になるまで渋滞台数は増え続ける。その後，90秒からは渋滞台数が減少しているが，これは信号が赤から青に変わって車が通過しはじめたことを示している。

　次に，県道渋滞台数の折れ線グラフについて確認していく。国道の信号機が青の場合，県道の信号機は赤となる。つまり，0秒から60秒までは，県道は赤信号で渋滞台数が増加していることがわかる。また，60秒から90秒までは渋滞台数が減少していることから，県道は青信号であることがわかる。270秒以降に着目すると，県道の渋滞台数が右肩上がりに増加している。これは，到着した車について，1回の青信号ではすべては通過できていないことを表している。一方，国道は，青信号になると，赤信号で渋滞していた車がすべて通過できている。これより，県道の青信号の時間を長く（国道の青信号の時間を短く）すれば渋滞を緩和できることが推測できる。

　図4は，到着台数を変えずに，国道の青信号の時間と赤信号の時間を変更した場合のシミュレーション結果である。

　この図の読み取りが ア と対応しており，図3のシミュレーション結果から変更した条件を図4から読み取る必要がある。図3および図4の一つ一つの点は，10秒間隔での到着台数を表している。図4の県道の点に着目すると，渋滞台数が増加している期間の点の数は5つであることから，5×10秒で県道の赤信号が50秒であることがわかる。県道の赤信号の時間と国道の青信号の時間は一致するので，国道の青信号は50秒である。また，国道の渋滞台数が増加している期間の点に着目すると，点の数が4つであることから，国道の赤信号は40秒である。よって， ア の正答は③「**国道の青信号の時間を50秒，赤信号を40秒に変更**」となる。

■第4問　イ・ウ の解説

考え方

　イ・ウ は，図3（現状）と図4（条件変更後）の比較からわかることを，解答群の中から2つ答える問題である。それぞれの解答群と図を比較しながら順番に確認していく。

⓪ 県道において8:00～8:30の30分間に交差点を通過した車の台数は変わらないこと

→条件変更前も後も車の到着台数は同じである。8:30時点（1,800秒）の県道渋滞台数に着目すると，図3では40台が交差点を通過できていない。一方，図4では渋滞台数は0台ですべての車が通過できている。したがって不正解となる。

① 国道において8:00～8:30の30分間に交差点を通過した車の台数は増えていること

→8:30時点（1,800秒）の国道渋滞台数に着目すると，図3では30台が交差点を通過できていない。一方，図4では渋滞台数は約45台である。どちらも青信号時にはすべての車が通過できるが，タイミング的に図4のほうが赤信号の時間が長くなっているため渋滞台数が多くなっている。つまり，交差点を通過した台数は減っている。したがって不正解となる。

② 信号の切り替わりの時点において，国道と県道合わせて渋滞している車の最大台数があまり変わらないこと

→信号の切り替わりタイミングは，折れ線グラフの山の部分に着目する。国道と県道合わせた最大の渋滞台数は，図3では1,800秒時点の約70台（国道：約30台，県道：約40台）である。図4では630秒時点の45台（国道：45台，県道：0台）である。つまり，渋滞している車の最大台数は約25台差があることがわかる。したがって不正解となる。

③ 信号の切り替わりの時点において，国道と県道合わせて渋滞している車の最大台数が少なくなること

→②の検証結果より，国道と県道合わせて渋滞している車の最大台数は，図3は約70台，図4は45台であることから，少なくなっている。したがって正解となる。

④ 県道だけでなく国道の交差点での混み具合も改善されたこと

→国道について，図3も図4も青信号時にすべての車が交差点を通過できている（変わっていない）。さらに，赤信号の時間が図4のほうが長いため，赤信号時の渋滞の台数は増加している。つまり，国道の交差点での混み具合は改善されたとはいえない。したがって不正解となる。

⑤ 国道・県道共に交差点にさしかかる車は青信号であればおおよそ通過できること

→図4について，国道・県道ともに青信号時にすべての車が交差点を通過できている（渋滞台数が0台になるポイントがある）。そのため，国道・県道ともに，交差点にさしかかる車は青信号であればおおよそ通過できているといえる。したがって正解となる。

　以上より，　イ・ウ の正答は③と⑤となる。（順不同）

第5問　次の文章を読み，後の問い（問1〜3）に答えよ。

● シーザー暗号やシフト暗号という言葉は初耳でも，本文を読み進めれば理解できるように書かれている。
知らない用語が出てきても止まらずに読み進めることが大切。

シーザー暗号に代表される古典的な暗号化の方法であるシフト暗号はアルファベットの文字を決まった文字数分シフトさせて（ずらして）置き換える極めて単純な暗号手段である。TさんとMさんは授業で先生が出した課題であるシフト暗号で暗号化した暗号文をいかに解読するかを考えることにした。

Point 1 問1はアルゴリズムの問題である。問1の内容をベースに問2と問3のプログラムが作成されるため，問1のアルゴリズムが理解できなければ以降の問題も解答できない。

問1 次の会話文を読み，空欄 アイ 〜 キク に当てはまる数字をマークせよ。

● 暗号文なので意味不明な文となっているということだけ把握できたら，
ここで考え込まずに次の会話文を読み進める。

解説 p.48〜49

> 課題　英文をシフト暗号で暗号化した以下の暗号文を解読しなさい。ただし，英文は全て小文字でアルファベット以外のスペースや数字，「'」「,」「.」「?」などは変換されていません。
>
> （省略）‥‥nonsmkdo k zybdsyx yp drkd psovn, kc k psxkv bocdsyx zvkmo pyb dryco gry robo qkfo drosb vsfoc drkd dro xkdsyx wsqrd vsfo. sd sc kvdyqodrob psddsyq kxn zbyzob drkd go cryevn ny drsc. led, sx k vkbqob coxco, go mkx xyd nonsmkdo – go mkx xyd myxcombkdo – go mkx xyd rkvvyg – drsc qbyexn. dro lbkfo wox, vsfsxq kxn nokn, gry cdbeqqvon robo, rkfo myxcombkdon sd, pkb klyfo yeb zyyb zygob dy knn yb nodbkmd. dro gybvn gsvv vsddvo xydo, xyb vyxq bowowlob grkd go cki robo, led sd mkx xofob pybqod grkd droi nsn robo. sd ‥‥（省略）

図1　先生が出した課題

Mさん：シフト暗号って，例えばアルファベットを5文字右にシフトした場合，文字「a」は文字「f」に，文字「x」はまず2文字シフトして右端に達した後一番左端に戻り3文字シフトした文字「c」に置き換わるやつだよね。暗号化された文字列の復号は，その逆，つまり左に5文字シフトすればできるね。

図2　5文字右シフトした場合の考え方

● 本文と図が対応していることが多い。
本文と図を対応づけながら読むと早く理解できる。

Point 2　同じ空欄が何度か出てくる場合，初めに答えがわかった時点で答えを他の空欄にも書いておくと読み間違いが少なくなる。

この問題は「暗号化」と「復号」の2パターン
がある。どちらが問われているのか確認する。

配列の開始の番号は重要。開始番号を意識した
問題も出題される可能性がある。

Tさん：復号は必ずしも反対にシフトする必要はないよね。例えば9文字右にシフトされていた場合，復号するには9文字左にシフトでも良いけど，右に アイ 17 文字シフトすることもできるね。図2のようにアルファベットに 0〜25の番号を割り当て て考えてみると，暗号化してx番目の文字になった時，復号は $x +$ アイ 17 の値が ウエ 25 以下であれば $x +$ アイ 17 番の文字に置き換わるけど， ウエ 25 より大きい場合は，$x +$ アイ 17 $-$ オカ 26 番の文字に置き換えれば復号できるよね。

Mさん：暗号化で文字を何文字シフトしているか分かれば，この復号法で解読できるよね。どうやったら分かるかな。

Tさん：すべての可能性，つまりシフトしない時を除いた キク 25 通りをプログラムで試せばいいんじゃない？

シフトしない時（暗号化しない時）のパターンを含めないように注意する。

Mさん：この場合だと キク 25 通りで済むけども，大文字があったり，日本語のように文字種の数が多い言語ではとても効率が悪い方法だよ。英文であれば，単語に含まれる「a」とか「e」が多い気がするし，逆に「z」が含まれる単語は少ししか思いつかない。アルファベットの出現頻度を調べればある程度推測できるんじゃないかな。インターネットで調べてみようよ。

Mさん：どうやら一般的な英文のアルファベットの出現頻度には図3のような傾向があるみたいだよ。

図3が暗号化されていない一般的な英文のアルファベットの出現頻度を
表しているグラフであるということまでを把握しておく。

Tさん：文字によって出現頻度に特徴があるね。暗号化された英文のアルファベットの出現頻度を調べれば，何文字シフトされているか推測することができそうだね。一つ一つ数え上げるのは大変だから数え上げるプログラムを考えてみるよ。

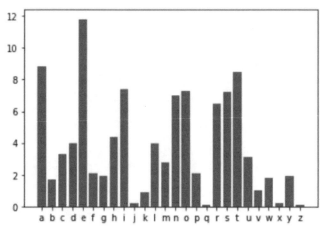

図3　出現頻度のグラフ（縦軸%）

Point 3　最後の空欄の後に半ページにわたって空欄のない文章と図が続いている。今回は問2と関係する内容ではあるが，直接設問と関係ない場合もある。問1の段階では概要だけを把握し，問われた時点で再確認する。

問2　次の会話文を読み，空欄 ケ ・ コ に当てはまる内容を，後の解答群のうちから一つず
　　つ選べ。また，空欄 サシ に当てはまる数字をマークせよ。

共通テスト用プログラム表記では配列名の1文字目は必ず大文字という決まりがある。
また Angoubun というローマ字から暗号文を意味することが推測できる。

Tさん：暗号化された英文のアルファベットの出現頻度を数え上げるプログラムを図5のように考
　　　　えてみたよ。このプログラムでは，配列変数 Angoubun に暗号文を入れて，一文字ずつア
　　　　ルファベットの出現頻度を数え上げて，その結果を配列変数 Hindo に入れているんだ。
　　　　Hindo[0]が「a」，Hindo[25]が「z」に対応しているよ。

対応　↕　本文と図とプログラムはお互い対応していることが多い。
　　　　それぞれを対応づけながら読み進めると時短につながる。

x	0	1	2	3	4	5	6	7	8	····	20	21	22	23	24	25
Hindo[x]	0	0	0	0	0	0	0	0	0		0	0	0	0	0	0

対応

図4　アルファベットの出現頻度を数え上げる配列

```
(01) Angoubun = ["p","y","e","b",…（省略）…"k","b","d","r","."]
(02) 配列 Hindoのすべての要素に0を代入する
(03) i を 0 から要素数(Angoubun)-1 まで 1 ずつ増やしながら:
(04) ｜ bangou = 差分( ケ⓪ )
(05) ｜もし bangou != -1 ならば:
(06) ｜ ｜ コ④ = コ④ +1
(07) 表示する(Hindo)
```

図5　出現頻度を求めるプログラム

対応

【関数の説明】

要素数(値)…配列の要素数を返す。
　　　例：Data =["M","i","s","s","i","s","s","i","p","p","i"]の時
　　　　　要素数(Data)は11を返す

対応

差分(値)…アルファベットの「a」との位置の差分を返す
　　　　　　値がアルファベット以外の文字であれば-1を返す
　　　例：差分("e")は4を，差分("x")は23を返す
　　　　　差分("5")や差分(",")は-1を返す

Point
1

共通テスト用プログラム表記は疑似言語でありアルゴリズムの説明文の位置づけである。
つまり実際のプログラミング言語に置き換えた場合，動くとは限らない。
本問では配列の初期化処理がプログラム内に記述されているが，配列・変数の定義等は省略される可能性もある。
試験中にこのプログラム動かない！と思っても，そこで時間を取られないようにしよう。

Mさん：これでアルファベットの出現頻度が調べられるね。それで結果はどうなったの？

Tさん：このプログラムで得られた配列Hindoをグラフ化してみたよ（図6）。

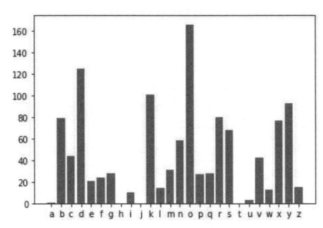

図6　アルファベットと配列Hindoのグラフ表示

● 問1で出てきた図である。このように問1～3までが
　密接に関係している。

Mさん：このアルファベットの出現頻度を見ると，「o」「d」「k」「y」が多いね。逆に出現頻度が
ない「a」「h」「j」「t」も手掛かりになるね。図3と照らし合わせると，この暗号化され
た文字列は右に サシ 10 文字シフトしていると考えられるね。　　　　　　　解説 ▶ p.51

Tさん：うん，でもそれが正しいか，実際にプログラムを作って復号してみようよ。

● 図3と図6がそれぞれ何を意味しているのか，
　どのように関係しているかを比較・考察する。

解説 ▶ p.50

--- ケ ・ コ の解答群 ---

ケ ⓪ Angoubun[i]　　　① Angoubun[i-1]　　　② Angoubun[bangou]

　③ Angoubun[bangou-1]　コ ④ Hindo[bangou]　　　⑤ Hindo[bangou-1]

　⑥ Hindo[i]　　　　　　⑦ Hindo[i-1]

問3　次の会話文の空欄　ス　～　チ　に当てはまる内容を，後の解答群のうちから一つずつ選べ。

Tさん：暗号文を一文字ずつ復号して表示するプログラムができたよ（図7）。

Mさん：なるほど，復号も右にシフトで考えているんだね。実行してみたら読み取れる英文になったの？

```
(01)  Angoubun = ["p","y","e","b",… （省略） …"k","b","d","r","."]
(02)  配列変数 Hirabun を初期化する
(03)  hukugousuu = 26 - サシ10
(04)  i を 0 から 要素数(Angoubun)-1 まで 1 ずつ増やしながら：
(05)  │  bangou = 差分( ケ0 )
(06)  │  もし bangou != -1 ならば：
(07)  │  │  もし ス0 <= 25 ならば：
(08)  │  │  │  Hirabun[i] = 文字( ス0 )
(09)  │  │  そうでなければ：
(10)  │  │  └ Hirabun[i] = 文字( セ3 )
(11)  │  そうでなければ：
(12)  └  └  Hirabun[i] = ソ6
(13)  表示する(Hirabun)
```

問2の暗号化の右シフト数が対応。
つまり問3を解くには問2の理解も必要。

Angoubun[i]

25以上かの判定は問1の空欄 ウエ の部分
が対応。つまり問1の復号アルゴリズムを
プログラムにしたものである。

※

図7　暗号文を復号するプログラム

対応

【関数の説明】

文字(値)…番号の値に対するアルファベットの文字を返す。
　　　　　　値が 0 以上 25 以下でなければ「アルファベットでない」を返す
　　　　例：**文字**(4)は「e」を，**文字**(23)は「x」を返す
　　　　　　文字(-1)や**文字**(27)は「アルファベットでない」を返す

Tさん：うん，復号したらこんな英文が表示されたよ。正しい英単語に変換されているみたいだから推測は当たっていたね。

```
four score and seven years ago our fathers brought forth on this continent, a
new nation, conceived in liberty, and dedicated to the proposition that all
men are created equal.now we are engaged in a great civil war, testing whether
that nation, or any nation ‥‥‥（省略） ‥‥‥ last full measure of devotion -
that we here highly resolve that these dead shall not have died in vain - that
this nation, under god, shall have a new birth of freedom - and that government
of the people, by the people, for the people, shall not perish from the earth.
```

Ｍさん：これって有名なリンカーンのゲティスバーグ演説じゃない。ほら最後のところ有名なフレーズだよね。

Ｔさん：先生，課題ができました。元の英文はリンカーンのゲティスバーグ演説ですね。プログラムで文字の出現頻度を調べて，シフトされた文字数を推測しました。復号はこのプログラムで変換してみました。

先　生：よくできたね，素晴らしい！このプログラムはもっと簡単にできるね。この(07)〜(10)の※部分は工夫すれば 1 行にまとめられるよ。ヒントは余りを求める算術演算子％を使うんだ。

Ｔさん：えっ，1 行ですか？・・・・・分かった！

　　　　　`Hirabun[i] =` **文字**`(` タ① `%` チ① `)`

　　　　とすればもっと簡潔にできたんだ。

先　生：素晴らしい！

—— ス 〜 ソ の解答群 ——　　　　　　　　　　　　　　　　解説 ▷ p.52

ス ⓪ bangou+hukugousuu　　　　　　　① bangou

　　② hukugousuu　　　　　　　　　セ ③ bangou+hukugousuu-26

　　④ bangou+hukugousuu-25　　　　　⑤ hukugousuu-26

ソ ⑥ Angoubun[i]　　　　　　　　　⑦ Hirabun[i]

　　⑧ Angoubun[i+hukugousuu]

—— タ の解答群 ——　　かっこ（　）があるものとないものの違いは，計算の優先順位である。　　解説 ▷ p.53

⓪ bangou+hukugousuu　　　　　　　◯ ① (bangou+hukugousuu)

② i+hukugousuu　　　　　　　　　　③ (i+hukugousuu)

④ hukugousuu+26　　　　　　　　　⑤ (hukugousuu+26)

—— チ の解答群 ——　　　　　　　　　　　　　　　　　　　解説 ▷ p.53

⓪ 25　　　　　　　◯ ① 26　　　　　② bangou　　　　③ hukugousuu

▶ まずは動画で確認！

■問1 アイ の解説

💻 基礎知識

シーザー暗号は，共通鍵暗号方式の一つである。共通鍵暗号方式とは，暗号化と復号に使う鍵が同じものである。共通鍵暗号方式で使われる鍵を共通鍵という。「鍵」は，暗号化のルールを表した文字列のようなもので，共通鍵の情報は第三者には知られてはいけないものである。

今回の問題では，「〇文字右にずらす（シフトする）」というのが鍵の情報（共通鍵）となる。例えば，共通鍵の情報を「3文字右にずらす」として，「ai」という文字を暗号化すると，aはdとなり，iはlとなるので，「dl」となる。「3文字右にずらす」という暗号化のルールがわかれば，「3文字左にずらす」という元に戻す方法が導き出せる（下図左）。暗号化されていない状態のデータを平文といい，暗号化された状態のデータを暗号文という。また，暗号文を元の平文に戻すことを復号という。

大学入学共通テストでは，文書の送受信を想定して問われる可能性もある。ここで説明した内容を送信者（暗号化を行う側）と受信者（復号を行う側）のフローで表すと，下図右のようになる。

💡 考え方

アイ は，9文字右にシフトして暗号化した文字を復号する方法が問われている。一つの方法としては，本文にも例があるように，9文字右にシフトした分を元に戻すために9文字左にシフトする方法がある。もう一つの方法として，暗号化時と同じ右の方向にシフトする方法があり，それが アイ の部分である。これは時計にたとえるとイメージしやすい。

時計の文字盤で12の位置を基準に左に3文字シフトすると9の位置になる。これを右側のシフトで考えた場合，右に9文字シフトすると左に3文字シフトしたときと同じ位置になる。これを計算式で表すと，次のようになる。

右シフト数＝12（全体数）－3（左シフト数）

英語のアルファベットは全部で26個であり，左シフト数は9文字である。同様に考えると，次のようになる。

26（アルファベット全体数）－9（左シフト数）＝17（右シフト数）

よって， アイ は①⑦となり，右に17文字シフトするのと左に9文字シフトするのは同じ結果となる。

上記は円形の時計の文字盤にたとえて説明したが，図2の配列図をもとに導き出してもよい。例えばmの位置を基準にすると，左に9文字シフトするとdの位置となる。右シフトで考えた場合，13文字右にシフトした時点で右端のzとなる。zから先頭のaに戻るのを1文字右シフトとし，さらにaから3文字右にシフトするとdの位置となる。つまり，右シフトの合計値である13＋1＋3＝17が アイ の答えとなる。

■問1　ウエ ・ オカ の解説 ＼＼｜｜／／＼＼＼＼＼＼＼＼＼＼＼＼＼＼＼＼＼＼＼｜｜／／／／

考え方

ウエ ・ オカ は，9文字右にシフトして暗号化後にx番目となったものの右シフトでの復号式が問われている。前問 アイ の答えである「復号は17文字右シフト」をベースとした問題のため， アイ を理解していないとすべての問題が答えられない。また，aからzまでのアルファベットに対して順番に0から25の番号を割り当てているので，番号が1からではなく0から始まるということに注意したい。アルファベットの種類は26個であるが，番号は25までで，差が生じる。

解法としては，実際にxに数値を当てはめてみるとよい。大学入学共通テストでは，実際の数字ではなく変数（文字列）の式が多く使われる。変数に何らかの値を当てはめて考えると理解が進むことが多い。

例えば，暗号化された「b」という文字列がある場合，「b」に対応する番号は1である。これを復号するためには， アイ の答えより右に17文字シフトすればよく，番号18の「s」の位置が該当する。計算式で表すと，1（暗号化された文字の位置）＋17（右シフトで復号するときのシフト数）＝18となる。

暗号化された文字の位置をxとすると，復号後の文字の番号は$x+17$で表される。しかし，この式では表せないパターンがある。例えば，暗号化された「j」という文字列の番号は9である。9＋17を計算すると26となり，zの25番より大きな数字は存在しない。

25より大きい場合は先頭に戻る必要がある。例の場合は復号後はaの位置となり，番号で表すと0番となるべきである。そのためには，25より大きければ先頭（番号0）に戻るために26を引く必要がある。計算式で表すと，9（暗号化された文字の位置）＋17（右シフト数で復号するときのシフト数）－26（右端まで行ったので先頭へ戻す数）＝0となる。暗号化された文字の位置はxなので，番号が25より大きくなった場合は，$x+17-26$という式になる。これを本文の空欄部に当てはめると，以下のようになる。

「図2のようにアルファベットに0〜25の番号を割り当てて考えてみると，暗号化してx番目の文字になった時，復号は$x+17$の値が25 ウエ 以下であれば$x+17$番の文字に置き換わるけど，25 ウエ より大きい場合は，$x+17-26$ オカ 番の文字に置き換えれば復号できるよね。」

よって， ウエ は②⑤， オカ は②⑥が正答となる。

■問1　キク の解説 ＼＼｜｜／／＼＼＼＼＼＼＼＼＼＼＼＼＼＼＼＼＼＼＼｜｜／／／／

考え方

キク は，シフトしないときを除いた，暗号化のパターン数が問われている。

シフトのパターンは，1文字シフト，2文字シフト，…というようなパターンが考えられる。右に26文字シフトすると元の位置に戻り，これはシフトしていないパターンと同じになる。つまり，26（全文字数）－1（シフトしないパターン）＝25通りが キク の正答②⑤となる。

考え方

　プログラミングの穴埋め問題を解くコツは，本文と対応づけながら簡単な値を変数に当てはめ，どのような処理を行っているかのイメージをつかむことである。

　(01)行目の「Angoubun = ["p","y","e","b",…（省略）…"k","b","d","r","."]」は，配列変数Angoubunの初期化処理である。以下のようなイメージで暗号文の文字が各要素に入っている。問題本文のAngoubunはもっと長いが，ここではイメージしやすくするため，要素数が12のAngubun配列を定義したものとして後の解説を進めていく。

Angoubun配列のイメージ

添字	0	1	2	3	4	5	6	7	8	9	10	11
要素	p	y	e	b	・	・	・	k	b	d	r	.

　(02)行目の「配列Hindoのすべての要素に0を代入する」は，配列変数Hindoの初期化処理である。図4のイメージが対応している。Tさんの会話「配列変数Angoubunに暗号文を入れて，一文字ずつアルファベットの出現頻度を数え上げて，その結果を配列変数Hindoに入れているんだ。」より，配列Hindoは暗号文のアルファベットの出現回数を格納するものであることがわかる。

　(03)行目の「iを0から要素数(Angoubun)-1まで1ずつ増やしながら:」は，繰り返し処理の開始を表している。どこからどこまでを繰り返すかは，字下げを行っている | と └ の記号の部分が制御範囲になる。つまり，ここでは(04)～(06)行目の処理を繰り返すという意味である。

　(03)行目の繰り返し条件文の中にある「要素数(Angoubun)」は関数（→p.99）で，【関数の説明】に「要素数（値）…配列の要素数を返す。」とある。例えば上のAngoubun配列のイメージの場合は，要素数が12個なので，「要素数(Angoubun)」は12が返される。要素数(Angoubun)-1をしているのは，添字が0から始まるため，添字との整合性を合わせるためである。仮に-1を行わなければ，Angoubun[12]となると存在しない要素を指定することになる。

　変数iは0から始まり1ずつ増やしながらとあるので，0→1→2→…→11（Angoubun配列の末端の添字）まで変数iの値がカウントアップされながら(04)～(06)行目の処理が繰り返される。

　(04)行目の「bangou=差分(ケ)」は，差分関数から得られた値を変数bangouに代入する処理である。差分関数については，【関数の説明】より，「差分（値）…アルファベットの「a」との位置の差分を返す。値がアルファベット以外の文字であれば-1を返す」とある。つまり，受け渡す値（引数）と差分関数から返される値（戻り値）との関係は以下のようになる。

引数	a	b	c	d	e	f	g	h	i	j	k	l	m	n	o	p	q	r	s	t	u	v	w	x	y	z	その他
	↓	↓	↓	↓	↓	↓	↓	↓	↓	↓	↓	↓	↓	↓	↓	↓	↓	↓	↓	↓	↓	↓	↓	↓	↓	↓	
戻り値	0	1	2	3	4	5	6	7	8	9	10	11	12	13	14	15	16	17	18	19	20	21	22	23	24	25	-1

　(04)～(06)行目について，Hindo配列の値が更新されるまでに必要な処理を本文より推測すると，以下のような処理になると予想できる。

```
(04) | bangou = 差分( ケ⓪ )          ← Angoubun 配列のアルファベットの位置を bangou に代入する
(05) | もし bangou != -1 ならば:      ← -1 以外（アルファベット）ならば 6 行目(Hindo 配列の更新)を行う
(06) └ └ コ④ = コ④ +1             ← アルファベットの位置に対応する Hindo 配列の値を更新する
```

　ケ については，Angoubun配列から処理対象（1文字分）の要素を取得する処理に絞ると，Angoubun配列の要素を取得している⓪～③の選択肢に絞れる。

　変数iは繰り返し処理の中で0からAngoubun配列の末端の添字まで1ずつカウントアップされるので，これを利用することでAngoubun配列の要素を順番に取得できる。つまり，ケ には⓪Angoubun[i]が該

当することがわかる。以下，誤った選択肢について解説する。

①Angoubun[i-1]は，iが0から始まるため，初回ループでAngoubun[-1]となり存在しない要素を指定してしまうので誤りとなる。

②Angoubun[bangou]と③Angoubun[bangou-1]については，変数bangouは差分関数の結果を格納するものであり，初回ループ時には変数bangouには何も入っていないためエラーとなる。

実際に値を当てはめると，1ループ目はi=0となるのでAngoubun[i]はAngoubun[0]と同じ意味になり，pという要素が取得できる。つまり，差分(Angoubun[i])は，差分(p)と同じ意味になり，aの位置からの差分である15が返され変数bangouに代入される。

(05)行目の「もしbangou != -1ならば:」は条件分岐で，「!=」は「〜でなければ」という意味である。変数bangouには差分関数からの戻り値が代入されており，-1は「アルファベット以外」という意味である。つまり，「アルファベット以外でなければ」となり，言い換えると「アルファベットの場合は」となる。つまり，アルファベットの場合に(06)行目のHindo配列の更新処理が行われる。

(06)行目の「 コ = コ +1」は，これまでの処理でHindo配列の更新が行われていないことから，Hindo配列の更新処理ということが推測できる。選択肢としては，Hindo配列を処理対象としている④〜⑦に絞れる。Angoubun配列の処理対象の文字の位置は変数bangouに代入されており，Hindo配列の添字と一致する。つまり， コ には④Hindo[bangou]が該当することがわかる。

具体的に，Angoubun配列の処理対象要素がzの場合で，出現回数を2から3に更新するパターンで説明する。

変数bangouにはzの位置である25が代入される。Hindo[25]には2がすでに格納されているため，その値に+1するにはHindo[25]+1という式となる。つまり，Hindo[25]を更新するために，代入式でつなげてHindo[25]=Hindo[25]+1という式とすることで，Hindo[25]は2から3に更新される。実際には25の部分は変数bangouが対応しているので，変数に置き換えるとHindo[bangou]=Hindo[bangou]+1となる。

Angoubun配列の全要素分ループを終えたら，最後の(07)行目の「表示する(Hindo)」でHindo配列の全要素を表示する。

■問2 サシ の解説

考え方

サシ は，アルファベットの出現頻度を調べたグラフを比較して何文字シフトしたかを推測する問題である。図3は暗号化されていない一般的な英文のアルファベットの出現頻度を表しているグラフである。暗号化する前の文書も一般的な英文であるから図3と同じ傾向をもつという仮説のもと，暗号化後のアルファベットの出現頻度を調べて図3と比較すればシフト数を推測できるというものである。

解法としては，それぞれのグラフの出現頻度が高くなっている部分（似たような形になっている部分）を比較する。そうすると，右のように，図3のa〜eの領域と図6のk〜oの領域の形が酷似していることが読み取れる。

シフトによってaがkに置き換わったと推測すると，右に10文字シフトしているということが考えられる。よって，サシ の答えは①⓪となる。

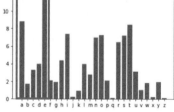
図3 出現頻度のグラフ （縦軸%）

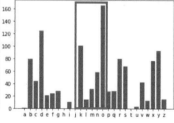
図6 アルファベットと配列 Hindo のグラフ表示

解 説

考え方

図7のプログラムは，問1の右シフトでの復号アルゴリズムが対応している。問1の内容と問2でのプログラムの内容を理解できていれば解きやすい問題である。

(01) 行目の「Angoubun = ["p","y","e","b",…（省略）…"k","b","d","r","."]」は配列 Angoubun の初期化処理で，問2と同じである。

(02) 行目の「配列変数 Hirabun を初期化する」は，復号後の値を入れる配列である。Hirabun という変数名からも，平文（暗号化されていないデータ）ということが推測できる。

(03) 行目の「hukugousuu=26- サシ 」は，問2より， サシ には暗号化のための右シフト数である 10 が入る。よって，左シフトで復号する場合は 10 文字左にシフトさせることになるが，会話文より，「復号も右にシフト」で行うとある。問1より，「右シフトで復号するときのシフト数＝アルファベットの全体文字数—左シフトで復号するときのシフト数」である。つまり，変数 hukugousuu には右シフトで復号する場合のシフト数が入ることがわかる。

(04)～(06) 行目は問2とまったく同じプログラムである。配列 Angoubun の要素を1文字ずつ順番に取り出し，アルファベットの位置を変数 bangou に代入し，(06) 行目でアルファベットかどうかの判定をしている。

(07)～(10) 行目は，(06) 行目の判定結果よりアルファベットの場合に行われる処理である。(08) 行目および (10) 行目は配列 Hirabun を更新していることから，復号の処理であることがわかる。

(07) 行目の ス は 25 以下かどうかを判定していることから，問1の以下のTさんの会話がそのまま対応することが推測できる。

「暗号化して x 番目の文字になった時，復号は $x+17$ アイ の値が 25 ウエ 以下であれば $x+17$ アイ 番の文字に置き換わるけど，25 ウエ より大きい場合は，$x+17$ アイ -26 オカ 番の文字に置き換えれば復号できるよね。」

x（暗号化したときの文字の位置）に対応する変数は bangou となる。それを復号したときに添字の上限の 25 を超えないようにするために，右シフト数（hukugousuu）を足したものが 25 以下かを判定する必要がある。よって， ス は⓪ bangou+hukugousuu となる。

(08) 行目は，「復号は $x+17$ の値が 25 以下であれば $x+17$ 番の文字に置き換わる」の部分が対応しており，bangou+hukugousuu の位置にある文字をそのまま Hirabun 配列に代入する。

(10) 行目は「$x+17-26$ 番の文字に置き換えれば復号できるよね」の部分が対応しており，これを変数に置き換えると， セ は③ bangou+hukugousuu-26 となる。

(12) 行目の「Hirabun[i]= ソ 」の部分は，アルファベット以外のときに行われる処理である。図1より，「アルファベット以外のスペースや数字，「'」「,」「.」「?」などは変換されていません。」とあるので，これらの文字については復号処理をする必要はなく，配列 Angoubun の文字をそのまま配列 Hirabun に代入すればよいことがわかる。つまり， ソ は⑥ Angoubun[i] となる。

(13) 行目で，復号が完了した配列 Hirabun の中身を表示する。

■問3 　タ　・　チ　の解説

考え方

「Hirabun[i]= 文字（　タ　%　チ　）」は，25文字以下か否かで処理を振り分けていた（07）〜（10）行目を1行のプログラムにするというものである。

算術演算子の % は余りを求めるもので，例えば「27%26」は 27 を 26 で割った余りなので 1 となる。

ここで注意すべきなのは，選択肢に（　）が付いたものがあるということである。例えば1+4%2とすると，先に 4%2 が実行され，その後に 1 がプラスされる。1+4 を先に実行したい場合は（1+4）%2 とすると，5%2 と同じ意味になる。

問1より，例えば暗号化された j を 17 文字右にシフトして復号する場合は 9（j の位置）＋ 17（右シフト数）＝ 26 となるが，それを先頭に戻し，ここでは 0（a の位置）にするために 26 で割った余りを求めればよい。式で表すと，（9+17）%26=0 となる。

jの本来の復号後の位置

右に17文字シフト（復号）　　9+17=26

0	1	2	3	4	5	6	7	8	9	10	11	12	13	14	15	16	17	18	19	20	21	22	23	24	25	26は
a	b	c	d	e	f	g	h	i	j	k	l	m	n	o	p	q	r	s	t	u	v	w	x	y	z	未存在

これを変数に置き換えると，（bangou+hukugousuu）%26 となる。

つまり，　タ　の正答は①（bangou+hukugousuu），　チ　の正答は① 26 となる。

第6問

　クラウド上の決済サービスなどでは，より強固な認証が必要である。そのため，近年はスマートフォンを利用した二段階認証の一種である二要素認証が使われる場合も多い。これは例えば，これまでのIDとパスワードに加えて，利用者本人が事前に登録したスマートフォンに送信される一度限り有効なパスワードを用いる方法である。次の図中の1〜4は，この二要素認証の手順を模式的に表したものである。

　　●二要素認証についての知識が必要だが，本文内に具体例が提示されており
　　そこから二要素認証の意味を把握することができる。

　この二要素認証によって，セキュリティが強固になる理由として最も適切なものを次の⓪〜③のうちから一つ選べ。　ア②

　　　　　●似たような選択肢が多いので，「何を」
　　　　　問われているのかを把握すること。

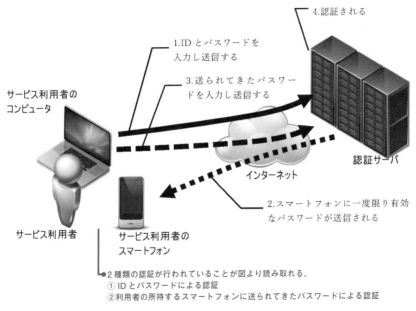

4.認証される

1.IDとパスワードを
入力し送信する

3.送られてきたパスワー
ドを入力し送信する

サービス利用者の
コンピュータ

認証サーバ

インターネット

2.スマートフォンに一度限り有効
なパスワードが送信される

サービス利用者

サービス利用者の
スマートフォン

●2種類の認証が行われていることが図より読み取れる。
① IDとパスワードによる認証
②利用者の所持するスマートフォンに送られてきたパスワードによる認証

図　二要素認証の模式図

解説　p.55

　ア　の解答群

⓪ 利用するサイトが正しいサイトであれば，入力したパスワードがスマートフォンに送信されるため

① パスワードを2回，時間をあけて入力して認証するため

○② IDとパスワードを知っていることに加え，登録されたスマートフォンを持っていることを確認できるため

③ IDとパスワードを知っていることに加え，スマートフォンのGPS機能を使って居場所を特定して認証するため

　　　　●前半部としては問題ない文章，最後まで
　　　　読んだうえで正誤を判断すること。

解　説

▶ まずは動画で確認！

■第6問 ｜ ア ｜ の解説 ＼｜＼｜＼｜＼｜＼｜＼｜＼｜＼｜＼｜＼｜＼｜＼｜＼｜＼｜＼｜＼｜＼｜

🖥 基礎知識

　認証とは，対象（人，スマートフォン端末など）の正しさを証明したり確認したりする行為のことである。その対象を特定する認証方法として，大きく次の3種類がある。

●知識認証…本人しか知りえない情報を答えさせる認証

【例】IDとパスワードによる認証，本人があらかじめ答えを決めた秘密の質問による認証

●生体認証…身体的特徴や行動的特徴（癖）の情報を用いて行う認証

【例】指紋認証，目の虹彩認証，顔認証，筆跡認証，声による認証

●所持認証…本人しか持っていない物を用いて行う認証

【例】スマートフォンに認証コード（一度限りのパスワード）を送り，その認証コードを入力させて行う認証

　近年，不正に入手したIDとパスワードで他人になりすましてログインするなどの不正アクセスが増えている。そのような第三者による不正アクセスを防ぐために，複数の認証を組み合わせることによってセキュリティが強固になる。

　知識・生体・所持の要素のうち，2つの要素を組み合わせる認証を二要素認証という。二要素認証は多要素認証（2つ以上の要素を用いて行う認証）の一種である。

　問題文中に出てくる二段階認証は，2つの段階で認証を行うことであり，同一要素内でも可能である。例えば，IDとパスワードによる認証（知識認証）と秘密の質問による認証（知識認証）は，認証の要素は同じなので二要素認証ではないが，二段階認証である。

💡 考え方

　「二要素認証によって，セキュリティが強固になる理由」として適切なものを選択肢から選ぶ問題である。二要素認証についての事前知識がなくても，問題文と「二要素認証の模式図」を見ると，以下の2つの要素による認証が行われていることが読み取れる。

　　1.　IDとパスワードによる認証（知識認証）

　　2.　利用者の所持するスマートフォンに送られてきたパスワードによる認証（所持認証）

　それを読み取った上で，選択肢の正誤を順番に確認していく。

⓪ →「入力したパスワードがスマートフォンに送信される」とあるが，2.のフローで認証サーバからスマートフォンへ送信されているパスワードは認証サーバが発行した一度限りのパスワードのため，不正解である。また，入力したパスワードが送信されてきたとしても，認証を強固にしているとは言えない。

① →「時間をあけて入力」してもセキュリティを強固にしているとは言えない。また，この選択肢からは二要素であるということが読み取れないので，不正解である。

② →「IDとパスワード」（知識），「登録されたスマートフォンを持っていること」（所持）の二要素の認証について説明されているので，正しい選択肢である。

③ →図からは「GPS機能」の利用は読み取れない上に，3要素のどれにも当てはまらない。また，居場所を特定してもセキュリティを強固にしているとは言えないので，不正解である。

　　よって，｜ ア ｜の正答は②である。

第7問　次の文章を読み，空欄に入れるのに最も適当なものを後の解答群のうちから一つ選べ。

　高校生のTさんは，放課後に調べものをするため，視聴覚室にあるパソコンでインターネットに接続しようとしたところできなかった。Tさんの高校におけるネットワークの構成は，次の図1のようになっている。

　　　●疎通確認は，どこからどこへの通信かを押さえておく。

　Tさんはコンピュータなどの管理を手伝っていたので早速不具合の原因を調べることにした。まず，視聴覚室のパソコンからいくつかのIPアドレスにパケットが届くかを確認（疎通確認）したところ，表1のようになった。スイッチングハブまたはルータのいずれかが1台故障したと考えると，故障の可能性がある機器は　ア②　と　イ⓪　である。

　　　●パソコン・サーバが故障または電源がついていないという状態は考慮不要。

　次に，このどちらが故障しているかを判別するために，1年1組の教室に移動して教室内にあるアクセスポイントに接続したタブレット端末から疎通確認を行った。ここで，　ウ⓪　にパケットが届けば　ア　が故障と特定でき，パケットが届かなければ　イ　が故障と特定できる。

表1　視聴覚室からの疎通結果

送信先	結果
192.168.1.1	×
192.168.1.11	×
192.168.1.21	×
192.168.1.31	×
192.168.1.61	○
192.168.1.101	○

○：パケットが届く　×：パケットが届かない

Point 1
　ア　と　イ　を答えた時点では解答が順不同のため，　ア　を⓪，　イ　を②とする人が多いと思われる。
次の段落の最後の一文で　ア　が②，　イ　が⓪であることが確定する。
　ウ　を答えて安心せず，　ア　と　イ　の解答の順序を確認し必要に応じて正しく入れ替えることを忘れない。

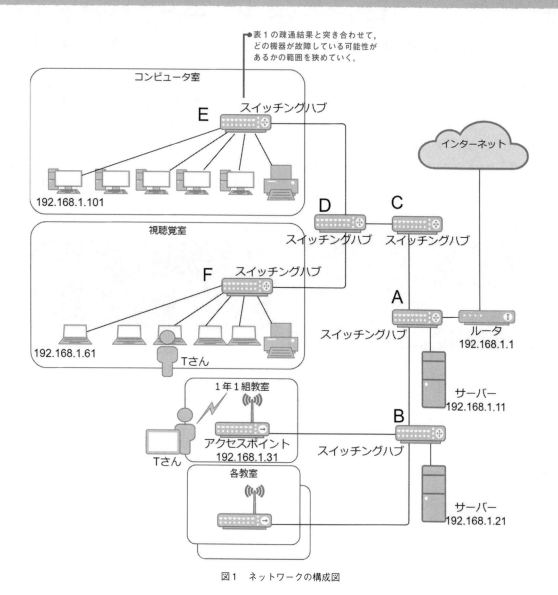

図1　ネットワークの構成図

●表1の疎通結果と突き合わせて，どの機器が故障している可能性があるかの範囲を狭めていく。

解説 p.58

ア ・ イ の解答群

イ ⓪ Aのスイッチングハブ　　① Bのスイッチングハブ

ア ② Cのスイッチングハブ　　③ Dのスイッチングハブ

④ Eのスイッチングハブ　　⑤ Fのスイッチングハブ

⑥ ルータ　　⑦ この情報では特定できない

解説 p.59

ウ の解答群

○ ⓪ 192.168.1.11　　① 192.168.1.21　　② 192.168.1.31

③ 192.168.1.61　　④ 192.168.1.101

■ 第7問 ア ～ ウ の解説

基礎知識

　疎通確認とは，パソコンなどの機器から，ネットワークを通じて特定の別の機器へ通信ができるかどうかを確かめることである。疎通確認では，pingコマンドというものが多く使われる。pingコマンドを使うと，ネットワーク上にある機器に対してパケット（→p.74）を送り，きちんと届いているかどうかを確認することができる。Windowsの場合，コマンドプロンプトというアプリケーションを利用する。pingの後に半角スペースを空け，通信したい相手の端末のIPアドレス（→p.84）を入力する。下図は，応答があった（パケットが届いた）場合と応答がなかった（パケットが届かなかった）場合，それぞれの結果である。

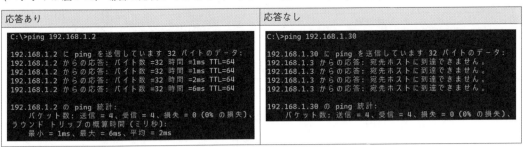

　応答がなかった場合は，通信相手の端末の電源がついていない，通信経路上の機器（ハブやルータなど）が故障しているなどの原因が考えられる。今回の問題では，スイッチングハブまたはルータのいずれか1台が故障しているという前提があるので，通信先のパソコンの状態については考えなくてよい。スイッチングハブは，ハブ（集線装置）の一種で，送りたい端末が接続されているポート（接続口）からだけパケットを送出する機能をもったハブである。

考え方

　ア ・ イ は，疎通結果（表1）とネットワークの構成図（図1）をもとに故障の可能性のある機器を特定する問題である。

　疎通結果（表1）の1行目では，送信先192.168.1.1への通信結果は「×」である。これをネットワークの構成図（図1）と突き合わせると，パケットが通る通信経路上にあるスイッチングハブF，D，C，A，およびルータのいずれかの機器が故障している可能性があることがわかる。

　一方，疎通結果（表1）の最終行では，送信先192.168.1.101への通信結果は「○」である。先ほどと同様にネットワークの構成図（図1）と突き合わせると，スイッチングハブF，D，Eは故障していないということがわかる。これを先ほどの192.168.1.1への通信結果と合わせると，故障していないとわかったスイッチングハブF，D，Eは除外して，スイッチングハブC，A，ルータのいずれかが故障していると範囲を狭めることができる。

　この方法で，故障の可能性があるものを「▲」，故障していないものを「◎」，その通信ではパケットが通らないものを「－」で表すと，次の表のようにまとめることができる。

送信先	結果	A	B	C	D	E	F	ルータ
192.168.1.1	×	▲	−	▲	▲	−	▲	▲
192.168.1.11	×	▲	−	▲	▲	−	▲	−
192.168.1.21	×	▲	▲	▲	▲	−	▲	−
192.168.1.31	×	▲	▲	▲	▲	−	▲	−
192.168.1.61	○	−	−	−	−	−	◎	−
192.168.1.101	○	−	−	−	◎	◎	◎	−

　以上より，スイッチングハブD，E，Fは故障していないことがわかり，スイッチングハブA，B，C，ルータのいずれかの故障が考えられる。

　本文より，故障している台数は1台なので，それぞれの機器が故障した場合に今回の疎通結果が成り立つかどうかを検証する。

　ルータが故障したと仮定した場合，スイッチングハブはすべて正常ということになる。その場合，送信先が192.168.1.11，192.168.1.21，192.168.1.31への疎通結果は「○」になるはずであるが，そうなっていない。つまり，ルータは故障していないことになる。

　スイッチングハブBが故障したと仮定した場合，192.168.1.31，192.168.1.21への疎通結果は「×」になるので，今回の疎通結果と一致する。しかし，ほかのスイッチングハブは正常となるので，192.168.1.1，192.168.1.11への疎通結果は「○」になるはずであるが，そうなっていない。つまり，スイッチングハブBは故障していないことになる。

　スイッチングハブA，Cのいずれかが故障したと仮定した場合は，192.168.1.1，192.168.1.11，192.168.1.21，192.168.1.31への疎通結果は「×」となるはずなので，表1の結果と一致する。よって，　ア　・　イ　の正答は，⓪Aのスイッチングハブと②Cのスイッチングハブである。この時点では順不同となるが，この後の　ウ　の条件で　ア　・　イ　に入れる内容が決まってくる。

　　ウ　では，スイッチングハブAとCのどちらが故障しているかを特定するには，どの機器に対して疎通確認すればよいかが問われている。場所を変えて1年1組教室からのアクセスとなる。中継機器がスイッチングハブではなくアクセスポイントであるが，これは有線か無線かの違いで，ここではスイッチングハブと同じ役割と考えてよい。

　1年1組教室からの通信の場合，スイッチングハブCを通る通信は必ずスイッチングハブAを通ることになる。そのため，スイッチングハブAだけを通る疎通確認を行い，疎通が通らなければAが故障している，そうでなければCが故障していると判断する調査方法が考えられる。

　スイッチングハブAが故障していると仮定すると，スイッチングハブAにつながっているルータ（192.168.1.1）およびサーバ（192.168.1.11）への疎通は通らないはずである。解答群にはルータ（192.168.1.1）はないので，サーバ（192.168.1.11）で確認することになる。1年1組教室からサーバ（192.168.1.11）へ疎通を行い疎通が通れば，スイッチングハブAは正常となり，スイッチングハブCが故障していることになる。一方，疎通が通らなければ，スイッチングハブAが故障となり，スイッチングハブCは正常となる。

　以上のことより，　ウ　の正答は⓪**192.168.1.11**である。また，サーバ（192.168.1.11）への疎通が通った場合，スイッチングハブAは正常となるので，故障機器はスイッチングハブCとなる。よって，　ア　の正答は②**Cのスイッチングハブ**である。逆に，サーバ（192.168.1.11）への疎通が通らなかった場合，スイッチングハブAが故障していることになる。よって，　イ　の正答は⓪**Aのスイッチングハブ**である。

第8問 次の文を読み，後の**A〜C**にある各問いについてそれぞれの解答群のうちから一つ
ずつ選べ。

旅行が好きなMさんは，ガイドブックなどには載っていない日本の見どころを多くの人に知って
もらいたいとWebサイト www.midokorojapan.com を立ち上げ情報を発信している。SNSにWeb
ページの紹介をしたところ多くの他のWebサイトにリンクされるようになったことから，実際にど
の程度閲覧されているか，Webサイトへのアクセスを記録するアクセスログを調べることにした。

> これを直接読み取ることは求められていない。この部分は読み流すこと。
> 必要な部分をわかりやすく整理したものが表2である。

A Webサーバのアクセスログを見たところ1行は次のようなものであった。

```
202.238.130.103 - - [09/Sep/2020:01:47:22+0900] "GET/index.htm HTTP/1.1" 200
7974 "http://www.guidebook.net/links.htm" "Mozilla/5.0 (Windows NT 6.0)
AppleWebKit/537.36 (KHTML, like Gecko) Chrome/45.0.2454.85 Safari/537.36"
```

まず，ここ1年間のアクセスログを抽出し，以下の4つの項目のみを表計算ソフトウェアのシ
ートにまとめてみた。ここで，項目「参照元」の (a)データが取得できない場合は「－」と記録さ
れている。

> Webページの仕組みの知識が必要である。
> HTMLは，画像やスタイルシート（CSS）などのファ
> イルを参照することがある。HTMLファイルを取
> 得した後に，そのファイル内で参照しているファイ
> ルを取得するため，そのたびにログが出力される。

表1 抽出したアクセスログの項目

アクセス元のIPアドレス	Webページを閲覧しているコンピュータ等のIPアドレス
日時	ファイルにアクセスした日時
アクセスしたファイル名など	アクセスしてきたファイル名
参照元	リンクを辿ってきた元のWebページのURL

表2 1年間のアクセスログ（4項目のみ）

アクセス元の IPアドレス	日時	アクセスした ファイル名など	参照元
121.111.238.240	01/Dec/2019:00:47:22	/pg1.htm	http://www.guidebook.net/links.htm
121.111.238.240	01/Dec/2019:00:47:22	/style.css	http://www.midokorojapan.com/pg1.htm
121.111.238.240	01/Dec/2019:00:47:22	/style.css	http://www.midokorojapan.com/pg1.htm
202.214.194.138	01/Dec/2019:00:47:59	/index.htm	－
121.111.238.240	01/Dec/2019:00:47:59	/pg2.htm	http://www.midokorojapan.com/pg1.htm
202.238.130.103	30/Sep/2020:23:23:03	/index.htm	－
202.238.130.103	30/Sep/2020:23:23:03	/logo.png	http://www.midokorojapan.com/index.htm

この1年間のログデータは，30万件以上あったが，(b)これは30万回Webページが閲覧された
わけではない。したがって，このWebサイトに訪れた件数の概算を求めるため，一度の訪問につ
き複数ページ閲覧しても1回として数えたい。そこで，アクセスしたファイル名の拡張子が ウ②
で，かつ参照元が エ① データを抽出したところ約5000件になった。

問 1　下線 (a) の状態になる場合として，Web ページのリンクを辿ってきていない場合がある。どういう場合が考えられるか，**適切でないものを一つ選びなさい。**　ア②

解説　p.66

── ア の解答群 ──

⓪ ブラウザのブックマークを選んで Web ページにアクセスする。

① QR コードから URL を読み込んで Web ページにアクセスする。

○② 検索サイトで検索して Web ページにアクセスする。

③ ブラウザのアドレス欄に直接 URL を入力して Web ページにアクセスする。

問 2　下線 (b) の理由として最も適切な内容を選びなさい。　イ③

解説　p.67

── イ の解答群 ──

⓪ 一人が何回も同じページを見ているから

① Web ページに埋め込まれている動きのある画像は，複数の画像ファイルを順に表示されているから

② 一つの Web ページには，他サイトのバナー広告などの画像がリンクされているから

○③ 一つの Web ページには，そのページを構成する多くの図形や写真などの画像ファイルやスタイルシートなどのファイルがリンクされているから

問 3　空欄 ウ に入れる最も適切な語句を選びなさい。

解説　p.67

── ウ の解答群 ──

⓪ txt　　　　　① csv　　　　　○② htm　　　　　③ xml

問 4　空欄 エ に入れる最も適切な語句を選びなさい。

解説　p.67

── エ の解答群 ──

⓪ 文字列「www.midokorojapan.com」を含む

○① 文字列「www.midokorojapan.com」を含まない

②「－」である

③「－」でない

B Mさんは，昨年から英語版のページを作ったことから，日本以外の国からの質問や感想など が書き込まれることが多くなったと感じていた。そこで，約5000件のデータをさらに詳しく分 析して，どの国からアクセスされているかを調べることにした。

まず，この約5000件のデータのアクセス元のIPアドレスから オ② サーバを利用して(c)トッ プレベルドメインを調べることにした。これはプログラムを作って自動的に集計できるようにし て，集計されたデータをグラフにすると図1のようになった。

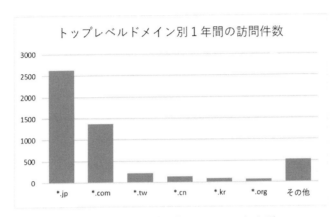

図1 トップレベルドメイン別の訪問件数（1年間）

➡「jp」は日本，「tw」は台湾，「cn」は中国，「kr」 は韓国である。国名を表さないドメイン（汎用 トップレベルドメイン）は,com と org である。

問1 空欄 **オ** に入れる最も適切な語句を選びなさい。

解説 p.68

―― **オ** の解答群 ――

⓪ SMTP   ① DHCP   ② DNS   ③ IMAP

問2 図1からわかるアクセス元についての説明について最も適当なものを選べ。 **カ②**

解説 p.69

―― **カ** の解答群 ――

⓪ 国内からのアクセスが最も多く，次いで欧州からのアクセス，台湾などアジアの国からの アクセスも見られる。

① 国内からのアクセスが最も多く，次いでアメリカからのアクセス，台湾などアジアの国か らのアクセスも見られる。

② 国内からのアクセスが最も多く，台湾などアジアの国からのアクセスも見られる。アメリ カからの接続数については分からない。

③ 国内の個人からのアクセスが最も多く，次いで企業組織，台湾などアジアの国が続いてい る。

問3 下線(c)のトップレベルドメインについての記述のうち，正しいものを一つ選べ。 ┃ キ ③

解説 p.69

─── キ の解答群 ───

⓪ トップレベルドメインは，企業などの組織でしか登録できない。

① トップレベルドメインは，個人でも登録できる。

② トップレベルドメインは，登録制でそれぞれの国別に管理されている。

○③ トップレベルドメインは，全世界的に厳重に管理されている。

C Mさんはこの1年間，精力的にSNSを利用して情報を発信してきた。そこで，SNSの情報発信がどの程度Webサイトへの訪問件数に影響を与えたか調べることにした。

　　SNSへの情報発信件数を過去の履歴から調べ，Webサイトの訪問回数を月別に集計したところ表3のようになった。また，この関係をグラフに表したら図2のようになった。

表3　SNSの発信件数とWebサイト訪問回数

月	SNS 発信件数	Webサイト 訪問回数
10	9	150
11	12	198
12	27	501
1	24	423
2	14	259
3	9	283
4	11	301
5	20	492
6	18	489
7	26	701
8	32	789
9	16	520
合　計	218	5106

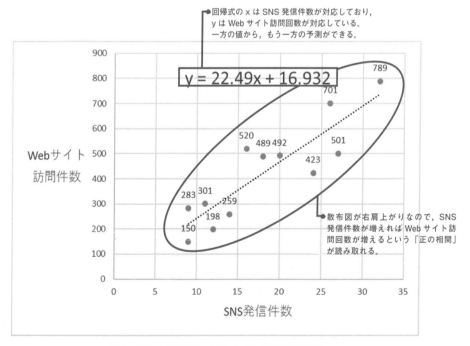

回帰式のxはSNS発信件数が対応しており，yはWebサイト訪問回数が対応している。一方の値から，もう一方の予測ができる。

$y = 22.49x + 16.932$

散布図が右肩上がりなので，SNS発信件数が増えればWebサイト訪問回数が増えるという「正の相関」が読み取れる。

図2　SNSの発信件数とWebサイト訪問回数の関係

問1　表3と図2から分かることを解答群から二つ選べ。　ク②・ケ⑤

（順不同）　　　　　　　　　　　　解説 p.70

───　ク・ケ　の解答群 ───

　⓪ SNSで情報を発信してもWebサイトへの訪問回数には影響しない

　① Webサイトへの訪問回数が増えるとSNSの発信件数が増えている

○ ② SNSで情報発信の件数を増やすとWebサイトへの訪問回数が増える傾向がある

　③ Webサイトの訪問回数は月を追うごとに増えている

　④ 最近より，SNSで発信しだした頃の方がSNSの発信件数に比してWebサイトの訪問回数
　　　が多い傾向にある

○ ⑤ SNSで発信しだした頃より，最近の方がSNSの発信件数に比してWebサイトの訪問回数
　　　が多い傾向にある

　⑥ 一年を通してSNSの発信件数とWebサイトの訪問回数の関係は一定である

　⑦ SNSの発信回数によってWebサイトの訪問回数は決まる

　⑧ Webサイトの訪問回数とSNSの発信回数との間には双方向に相関関係があると考えられる

問2　図2では，二つの関係を次のような回帰直線式で表している。

$$y = 22.49x + 16.932$$

　ここから，SNSの一回の情報発信に対して，Webサイト訪問回数が概ね何回増加していること
が読み取れるか，もっとも適当なものを選択肢から選べ。　コ①

解説 p.71

───　コ　の解答群 ───

⓪ 概ね17回　　　○ ① 概ね22回　　　② 概ね27回　　　③ 概ね39回

解説

▶ まずは動画で確認!

■A問1 [ア] の解説 ／／／／／／／／／／／／／／／／／／／／／／／／／／

🖥 基礎知識

Webページは，インターネット上で公開されている文書，画像，音声，動画などのさまざまな要素を組み合わせて情報が表示される文書の単位のことである。

Webページは，HTML（Hyper Text Markup Language）という構造を定義する言語で作成される。このHTMLファイルから，画像ファイルやデザインを定義するファイル（スタイルシート）などが参照される。HTMLのファイルの拡張子には，「htm」や「html」が用いられる。

例えばindex.htmというHTMLファイル内で，画像ファイル（logo.png），スタイルシート（style.css）の参照がある場合，以下のようなフローでファイル取得が行われ，ファイル取得のたびにサーバにログが記録される。このとき，ユーザ（アクセス元）のIPアドレスは121.111.238.240とし，アクセス先URLは，http://www.midokorojapan.com/index.htm に直接アクセスしたものとする。

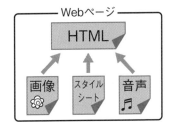

Webページ

クライアント
（121.111.238.240）

Webサーバ（www.midokorojapan.com）

❶ URLに
http://www.midokorojapan.com/index.htm
を指定

❷ index.htmのファイルを要求

❸ index.htmのファイルを送付

記録されるログ（一部抜粋）

アクセス元のIPアドレス	日時	アクセスしたファイル名	参照元
121.111.238.240	（省略）	/index.htm	―

❹ index.htmの中身を確認し，logo.pngとstyle.cssのファイルの参照があることが分かる。

❺ logo.pngのファイルを要求

❻ logo.pngのファイルを送付

アクセス元のIPアドレス	日時	アクセスしたファイル名	参照元
121.111.238.240	（省略）	/logo.png	http://www.midokorojapan.com/index.htm

❼ style.cssのファイルを要求

❽ style.cssのファイルを送付

❾ 取得したファイルを組み合わせてWebページを表示する。

アクセス元のIPアドレス	日時	アクセスしたファイル名	参照元
121.111.238.240	（省略）	/style.css	http://www.midokorojapan.com/index.htm

💡 考え方

問1の [ア] は，参照元が「―」となるパターンとして適切でないものを選ぶ問題である。参照元に値が設定されるためには，遷移元のWebページが存在するか，[基礎知識] の流れ図のように，HTMLファイルで参照されているファイルを取得する場合である。遷移元がなく，直接URLにアクセスした場合は，参照元が「―」となる。この考え方をもとに，順番に解答群を確認していく。

⓪ ブラウザのブックマークを選んでWebページにアクセスする。

→直接アクセスで遷移元のWebページがないパターンのため，参照元が「―」となる。

① QRコードからURLを読み込んでWebページにアクセスする。

→直接アクセスで遷移元のWebページがないパターンのため，参照元が「―」となる。

② 検索サイトで検索してWebページにアクセスする。

→検索サイトにもURLが存在し，検索サイトが遷移元となって，検索サイトのURLが参照元として記録されるため，「―」とはならない。

③ ブラウザのアドレス欄に直接URLを入力してWebページにアクセスする。

→直接アクセスで遷移元のWebページがないパターンのため，参照元が「－」となる。

　ここでは，参照元が「－」となるパターンとして**適切でないもの**，つまり参照元が「－」とならないパターンを選ぶため，　ア　の正答は②である。

■A問2　イ　の解説 ／／／／／／／／／／／／／／／／／／／／／／／／／／／／／／

考え方

　問2の　イ　は，下線(b)「（1年間のログデータは，30万件以上あったが，）これは30万回Webページが閲覧されたわけではない」ことの理由が問われている。

　〔基礎知識〕で説明したように，HTMLファイルへアクセスした場合，そのHTML内で参照しているファイルがあると，その分サーバへのアクセスが発生し，そのたびにログが記録される。この考え方と合致するのは③である。

⓪一人が何回も同じページを見ているから

→一人が何回も同じページを見ても，別の人が見ても，ログの出力件数は同じであるので，理由にならない。

①Webページに埋め込まれている動きのある画像は，複数の画像ファイルを順に表示されているから

→動きのある画像はGIFファイルが考えられるが，これは動きのある画像として1ファイルとなる。通常の画像ファイルと同じように1ファイルとしてログに出力されるで，理由になっていない。

②一つのWebページには，他サイトのバナー広告などの画像がリンクされているから

→他サイトのバナー広告は，他サイト側のサーバで画像を保持している場合，自サイトのログには出力されない。この場合，自サイトではWebページ閲覧に関するログのみとなるので，ログ出力件数とWebページ閲覧数の不一致の理由にならない。

③一つのWebページには，そのページを構成する多くの図形や写真などの画像ファイルやスタイルシートなどのファイルがリンクされているから

→そのHTML内で参照しているファイルがある場合，その分サーバへのアクセスが発生し，そのたびにログが記録される。

　よって，　イ　の正答は③である。

■A問3　ウ　，A問4　エ　の解説 ／／／／／／／／／／／／／／／／／／／／

考え方

　ウ　・　エ　は，Webサイトに訪れた件数の概算を求めるため，一度の訪問につき複数ページ閲覧しても1回として数える方法が問われている。ユーザがアクセスするWebサイトの情報はHTMLファイルに存在する。そのため，HTMLファイルの拡張子である「htm」のログを抽出すればよい。また，HTML内で参照されているファイル取得や同一Webサイト内の遷移は，必ず「www.midokorojapan.com」の文字が参照元に含まれる。つまり，複数ページ閲覧しても1回として数える場合，参照元に「www.midokorojapan.com」の文字が含まれているログは除外する必要がある。

　よって，　ウ　の正答は②htmである。　エ　の正答は①「**文字列「www.midokorojapan.com」を含まない**」である。

解　説

💻 基礎知識

　本問を解く上で，ドメイン名に関する知識が必要となる。例えば，文部科学省のWebページのURLは「https://www.mext.go.jp/」であるが，このうち「www.mext.go.jp」の部分がドメイン名である。ドメイン名は，インターネット上のコンピュータの住所を人がわかりやすい文字列で表したものである。

　ドメイン名は，ドットを境に，右側からトップレベルドメイン，第2レベルドメイン，第3レベルドメイン，第4レベルドメインという。

　文部科学省のトップレベルドメイン「jp」は国名を表している。「jp」はJapanの略で，日本のWebサイトということがわかる。各国に割り振られていて，国別コードや国別トップレベルドメイン，ccTLD（Country Code Top Level Domain）ともいう。以下は，本問で出てくる国別コードである。

ccTLD	国名（日本語）	国名（英語）
jp	日本	Japan
tw	台湾	Taiwan
cn	中国	China
kr	韓国	Korea

　国を表さないトップレベルドメインも存在し，これを汎用トップレベルドメインやgTLD（generic Top Level Domain）という。代表的なものに以下のようなものがある。

gTLD	用途
com	商業組織用（commercial）
net	ネットワーク用（network）
org	非営利組織用（organization）

　ドメイン名をIPアドレス（→p.84）に変換する仕組みをDNSといい，その機能をもつサーバのことをDNSサーバという。DNSサーバでは，逆にIPアドレスをドメイン名に変換することもできる。

💡 考え方

　オ は，IPアドレスからドメイン名に変換する役割をもったサーバの名称が問われている。解答群の用語に関する役割の説明は以下の通りである。

⓪ **SMTP** …メールの送信・転送を行うプロトコル。
① **DHCP** …IPアドレスを自動的に割り振るプロトコル。
② **DNS** …ドメイン名をIPアドレスに変換するプロトコル。
③ **IMAP** …メールの受信を行うプロトコル。

　今回は，IPアドレスをドメイン名に変換し，その中のトップレベルドメインを確認することが目的なので，DNSサーバがその役割として妥当である。よって，　オ　の正答は②**DNS**である。

■B問2 　カ　 の解説 ＼＼＼＼＼＼＼＼＼＼＼＼＼＼＼＼＼＼＼＼＼＼＼＼＼＼＼＼＼＼

考え方

　　カ　は，図1のトップレベルドメイン別の1年間の訪問件数からわかるアクセス元の説明について，最も適当なものを選ぶ問題である。〔基礎知識〕で説明した内容を理解できていれば解ける問題である。順番に解答群を確認していく。

⓪ 国内からのアクセスが最も多く，次いで欧州からのアクセス，台湾などアジアの国からのアクセスも見られる。

→最もアクセスが多いのは「jp」なので，日本（国内）である（正しい）。しかし，2番目は「com」で，汎用トップレベルドメインでは国は判別できないので，欧州からのアクセスが多いとは言えない。

① 国内からのアクセスが最も多く，次いでアメリカからのアクセス，台湾などアジアの国からのアクセスも見られる。

→最もアクセスが多いのは「jp」なので，日本（国内）である（正しい）。しかし，⓪と同じく，2番目は汎用トップレベルドメインで国は判別できないので，アメリカからのアクセスが多いとは言えない。

② 国内からのアクセスが最も多く，台湾などアジアの国からのアクセスも見られる。アメリカからの接続数については分からない。

→最もアクセスが多いのは「jp」なので日本（国内）である（正しい）。図1で国が判別できるものに着目すると，「tw」は台湾，「cn」は中国，「kr」は韓国である。よってアジア国からのアクセスが見られる。また，アメリカのドメインは「us」であるが，それは図1にはないので，アメリカからのアクセスが多いかはわからない。よって，正しい選択肢である。

③ 国内の個人からのアクセスが最も多く，次いで企業組織，台湾などアジアの国が続いている。

→最もアクセスが多いのは「jp」なので日本（国内）であるが，それが「個人からのアクセス」であるかどうかは不明である。後半部分は正しい。

　　よって，　カ　の正答は②である。

■B問3 　キ　 の解説 ＼＼＼＼＼＼＼＼＼＼＼＼＼＼＼＼＼＼＼＼＼＼＼＼＼＼＼＼＼＼

考え方

　　キ　は，トップレベルドメインについての記述のうち，正しいものを選ぶ問題である。トップレベルドメインは Internet Assigned Numbers Authority（IANA）によって厳重に管理されている。IANAは，インターネット資源の割り当てや標準化を行う国際的な組織である。つまり，個人や企業ではなく国際組織で厳重に管理されている。

　　よって，　キ　の正答は③「**トップレベルドメインは，全世界的に厳重に管理されている。**」である。

解 説

💻 基礎知識

　一方が変化すれば他方も変化するような関係のことを相関という。一方が高ければもう一方も高くなる傾向にあるものを正の相関といい，一方が高ければもう一方は低くなる傾向にあるものを負の相関という。

　この相関の有無を，点の散らばりから確認する手法として散布図がある。散布図とは，縦軸と横軸に2種類のデータ（2変数）の大きさや量をとり，その関係を表すのに点を打ったグラフのことである。

　相関には強さがあり，2変数間の相関が強くなるほど一直線に近づいていく。

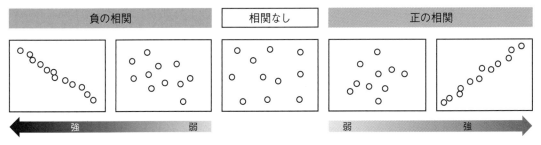

　回帰直線は，散布図において予測値を求める際に用いられる直線のことで，2組のデータの中心的な分布傾向を表すものである。回帰直線は，y=ax+bの回帰式で表すことができる。aは回帰係数といい，回帰直線の傾きを表す。bは切片といい，xが0のときのyの値を表す。

　回帰直線は，各点とy軸方向のずれがトータルで最も小さくなるように描かれている。また，回帰式は，矢印の誤差（残差）が最小となるように関係式を求めている。この方法を最小二乗法という。

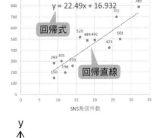

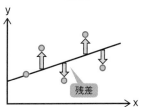

　一方が原因となり他方が結果となるという，2変数間の関係のことを因果関係という。例えば，気温が上昇したことでかき氷の売上が伸びたというのは，原因が「気温の上昇」，結果が「かき氷の売上が伸びた」となる。逆に，かき氷の売上が伸びたから気温が上昇したとは言えない。

　また，相関関係があっても，必ずしも因果関係があるとは限らない。例えば，かき氷の売上と扇風機の売上の間には相関関係が生じるが，かき氷の売上が伸びたから扇風機の売上が伸びたとは言えない。このように，調べようとしているもの以外の別の原因のことを交絡因子という。この場合は，気温の上昇が交絡因子となる。

ク ・ ケ は，表3と図2からわかることを2つ選ぶ問題である。[基礎知識] の内容を踏まえなが
ら，順番に解答群を確認していく。

⓪ →図2より，散布図が右肩上がりになっていることから，SNS発信件数が増えればWebサイト訪問回数
　　が増えるという「正の相関」が読み取れるので，「影響しない」は誤り。

① →SNSの発信をトリガ（原因）としてWebサイトへの訪問が増えている（結果）と考えられるので，因
　　果関係の解釈が逆である。誤り。

② →図2より，散布図が右肩上がりになっていることから，SNS発信件数が増えればWebサイト訪問回数
　　が増えるという「正の相関」が読み取れる。正しい。

③ →表3より，10月から12月は増えているが，1月から2月は減少傾向にあるので，誤り。

④ →表3より，SNS発信件数1回あたりのWebサイト訪問回数を求めると，最近のほうがSNS発信件数
　　に比してWebサイト訪問回数が多い傾向にあるので，誤り。

⑤ →④と逆の問い方である。最近のほうがSNS発信件数に比してWebサイト訪問回数が多い傾向にあるの
　　で，正しい。

⑥ →例えば10月はSNS発信件数9件でWebサイト訪問回数150件であるが，3月は同じ発信件数で訪問
　　回数283件である。両者の「関係は一定」とは言えないので，誤り。

⑦ →SNS発信回数が増えればWebサイト訪問回数は増える傾向にあるが，「決まる」とまでは言えないの
　　で，誤り。

⑧ →SNSの発信をトリガ（原因）としてWebサイトへの訪問が増えている（結果）と考えられる。その逆
　　（選択肢①）の解釈は誤りなので，「双方向に相関関係がある」は誤り。

```
┌──────────────┐                    ┌──────────────┐
│   【原因】    │   ──────▶         │   【結果】    │
│  SNSの発信    │   ◀──✕───          │ Webサイトの訪問 │
└──────────────┘                    └──────────────┘
```

　　よって， ク ・ ケ の正答は②と⑤である。（順不同）

■C問2 コ の解説

　　コ は，回帰式より，SNSの1回の情報発信に対して，Webサイト訪問回数が概ね何回増加している
かを答える問題である。

　　回帰式は，y=22.49x+16.932が与えられている。xはSNS発信件数が対応しており，yはWebサイト訪
問回数が対応している。つまり，SNS発信件数（x）が1回増えれば，Webサイト訪問回数は22.49回増え
ることが予想できる。

　　よって， コ の正答は①「**概ね22回**」である。

第1問　次の問い（問1〜4）に答えよ。

問1　次の文章は，2011年の東日本大震災の後にまとめられた報告書「大規模災害等緊急事態における通信確保の在り方について」の一部である。この報告書を基にした先生と生徒の会話文を読み，空欄　ア　〜　エ　に入れるのに最も適当なものを，それぞれの解答群のうちから一つずつ選べ。ただし，空欄　ア　・　イ　の順序は問わない。

近年の通信インフラ・ネットワークの発展により，インターネットを利用した多彩なサービス・アプリケーション（ソーシャルメディアサービス，動画配信サービス，動画投稿サイト，クラウドサービス等）が登場しており，今回の震災においては，インターネットを利用した安否確認，情報共有等の新たな取組が見られた。

例えば，a 震災直後の音声通話・メール等がつながりにくい状況において，ソーシャルメディアサービスについては，安否確認を行う手段の一つとして個人に利用されるとともに，登録者がリアルタイムに情報発信するものであることから，震災に関する情報発信・収集のための手段として，個人や公共機関等に利用され，その有効性が示された。

また，各自治体から発表されている避難者名簿等の情報を集約し検索可能とするサイト，（省略）ボランティアや支援物資の送り手と受け手のニーズを引き合わせるマッチングサイトなどインターネットを利用した付加価値のある各種サービスが提供された。

さらに，b 被災した自治体等に対してホームページ・メールサービスの提供や避難所の運営支援ツールをクラウド上で提供することも行われ，業務運営の確保や情報の保全にクラウドサービスが活用された。

その他，放送事業者が動画配信サイトに震災関連ニュースを提供し，インターネット上で配信した事例や個人が動画中継サイト上で被災地の様子をリアルタイムで配信した事例も見られた。

このようなインターネットの効果的な利用の一方で，今回の震災では，インターネット上で震災に関する様々な情報が大量に流通したことによる情報の取捨選択の必要や（省略）c 情報格差の発生などの課題も生じたところである。このため，インターネットの活用事例の収集・共有に当たっては，インターネット利用に関する課題についても併せて共有できるようにすることが望ましい。

出典「大規模災害等緊急事態における通信確保の在り方について　最終取りまとめ」（一部改変）
大規模災害等緊急事態における通信確保の在り方に関する検討会（2011年）

会話文

先生：10年前の東日本大震災の時は，この報告書（下線a）にあるように電話やメールがつながりにくくなったようです。特に固定電話がつながりにくかったようだね。

生徒：多分，利用者からの発信が急増するから回線がパンクしてしまったのではないですか。でもSNSは利用できたのですね。

Point 1 インターネット回線はパケット交換方式である。
ここではパケット交換方式が災害に強い理由を述べている。

先生：通常通りとはいかなかったと思うけど，利用できたようだね。当時の固定電話の回線交換方式と違って，データ通信であるインターネット回線では　ア②　したり　イ③　したりするから，SNSは災害に強いメディアとして認識されるようになったんだよ。

生徒：こういう時にメリットが生かされたのですね。じゃあ，大きな災害の時は，よく使うこのSNSアプリで連絡を取れば良いですね。

先生：様々な被害が考えられるから複数の異なるメディアで情報を伝達することを考えた方が良いと思うよ。

生徒：分かりました。また，この報告書（下線ｃ）にあるような情報格差は　ウ③　や経済的な格差によって生じますから，周りの人たちが互いに助け合うことが大事ですね。

先生：その通りだね。

生徒：先生，ここ（下線ｂ）にあるクラウドサービスはこの頃から使われるようになったのですか。

先生：もう少し前からあったけど，この震災をきっかけに自治体での利用が広まったとも言われているよ。

Point 2 クラウドサービスが広がった
理由を述べている。

生徒：それは　エ③　からですか。

先生：それも理由の一つだね。加えて，運用コストも低く抑えることもできるし，インターネット回線があればサービスをどこでも利用できるからね。

解説　p.74

─── 　ア　・　イ　の解答群 ───

⓪ 通信経路上の機器を通信に必要な分だけ使えるように予約してパケットを送出

① 大量の回線を用意して大きなデータを一つにまとめたパケットを一度に送出

○② データを送るためのパケットが途中で欠落しても再送

○③ 回線を占有しないで送信元や宛先の異なるパケットを混在させて送出

④ 一つの回線を占有して安定して相手との通信を確立

解説　p.75

─── 　ウ　の解答群 ───

⓪ 機密性の違い　　① 信憑性の違い　　② 季節の違い　　○③ 世代の違い

解説　p.77

─── 　エ　の解答群 ───

⓪ 手元にデータをおいておけるため高い安心感を得られる

① 手元にある機材を追加して自由に拡張することができる

② サーバを接続するプロバイダを自由に選ぶことができる

○③ サーバなどの機器を自ら設置する必要がない

■問1　 ア ・ イ の解説

📖 基礎知識

　アナログデータは連続的な変化を表し，ノイズが入ると元の状態に戻すことができないため，データ品質が低下することがある。一方デジタルデータは離散的な値（０と１）で表現される電気信号であり，データをパケット（小さな塊）に分けて伝送することから，ノイズにも強く，データを高速に伝達することができる。また，デジタルデータは再利用しやすいなどの特徴がある。

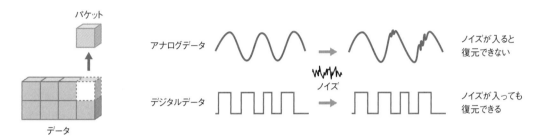

💡 考え方

　インターネット回線はパケット交換方式であることを理解した上で，「SNSは災害に強いメディアとして認識されるようになったんだよ。」という会話文にある「Point1」より，パケット交換方式のどのような特徴が災害に強い理由になるかを考えればよい。以下に回線交換方式とパケット交換方式それぞれの特徴をまとめた。

交換方式	特徴
回線交換方式	・回線を利用者が独占するため利用効率が悪い ・通信品質が安定している ・複数人での利用には向かない
パケット交換方式	・回線を複数人で共有できるため利用効率がよい ・パケットの転送中に紛失しても再送される ・通信回線に不具合が生じても，他の通信回線を利用することができる

　以上の特徴より， ア ・ イ の正答は②「データを送るためのパケットが途中で欠落しても再送」と，③「回線を占有しないで送信元や宛先の異なるパケットを混在させて送出」となる。（順不同）

　⓪は IntServ（Integrated Services）の説明だが，「情報Ⅰ」では扱われない用語である。①はパケットに関する説明が間違っている。④は回線交換方式の特徴である。

補足

　各パケットには，データ通信に必要な情報を含むヘッダ（荷物を発送する際の荷札）が付加される。ヘッダには送信元と宛先の住所である**IPアドレス**（→p.84），**MACアドレス**，データを送る経路のルーティング情報，データを送信するためのルールである**プロトコル**などが含まれる。そのほかにも，エラーをチェックするデータ（**チェックサム**）やポート番号などがある。これらの情報により，正確かつ迅速なデータ通信が実現されている。

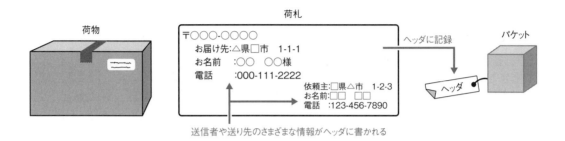

荷札

荷物　　　　　　　　　　　　　　　　　　　　　　　　　　　　　　　　　　　　　パケット

〒○○○-○○○○
お届け先:△県□市　1-1-1
お名前　:○○　○○様
電話　　:000-111-2222

依頼主:□県△市　1-2-3
お名前:□□　□□
電話　:123-456-7890

ヘッダに記録

ヘッダ

送信者や送り先のさまざまな情報がヘッダに書かれる

■問1 ┃ ウ ┃ の解説

基礎知識

　情報格差とは，人々が欲しい情報を手に入れるために必要な手段や量に差がある状況を指す。情報技術の発展によって，得られる情報量や，情報技術にアクセスできるグループとアクセスできないグループとの間に，情報の取得・利用・共有において差が生じてしまう現象である。例えば，「インターネットを使える人は世界中の情報に簡単にアクセスできるが，そうでない人は情報にアクセスすることが難しい」などである。

【情報格差が起こる原因】

- **経済的原因**…情報機器を購入する余裕がない人々は，情報にアクセスする機会が限られる。
- **地理的原因**…地方や山間部は，都市部に比べ情報の発信源にアクセスしにくい場合がある。
- **教育的原因**…教育水準が低い人々は，情報にアクセスするために必要なリテラシー（能力）が不足する場合がある。
- **言語や文化**…異なる言語や文化に属する人々は，情報を得るために必要な言語や文化的背景が異なるため，情報にアクセスしにくい場合がある。
- **年齢的原因**…高齢者や子供は，情報技術に馴染みがなく，必要な情報にアクセスする方法を知らないことがある。

考え方

　この問題では，情報格差が起こる原因として「経済的な格差」以外に何があるかを聞いている。〔**基礎知識**〕で述べたさまざまな原因から，解答群の選択肢の中で情報格差が起こる原因として考えられる ┃ ウ ┃ の正答は③**世代の違い**である。

　このような問題を発見するポイントとして，「さまざまな視点で物事を見る」ことが重要である。年齢，国籍，性別，住んでいる場所など，視点を変えて問題を見ることで答えが見えてくることもある。

補足

　解答群の⓪にある「機密性」とは，情報セキュリティの3要素の1つで，3要素には機密性（Confidentiality），完全性（Integrity），可用性（Availability）がある。

【情報セキュリティの3要素】

●**機密性**…機密情報が不正にアクセスされないように保護する。

　　　　　機密情報は権限のある者だけがアクセスできるようにしなければならない。

●**完全性**…情報が正確であることを保証する。

　　　　　情報が改ざんされたり，誤った情報が入らないようにしたりする必要がある。

●**可用性**…情報が必要な時に必要な人がアクセスできることを保証する。

　　　　　情報にアクセスできなくなったりしないように保護する。

　情報セキュリティの3要素は，情報機器を利用している際に重要な情報が改ざんされたり漏洩したりしないよう適切に保護するための大切なルールである。また，最近では，真正性・信頼性・責任追跡性・否認防止の4つの要素が追加され，7要素を守ることが大切だと言われている。

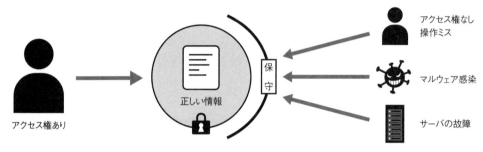

　また，解答群の①にある「信憑性」とは，その情報が真実であるかどうか，またはその情報が正確であるかどうかを表すものである。情報の信憑性を判断するためには，以下のような要素を考慮する必要がある。

●**情報源の信頼性**…情報を提供している人や組織が信頼できるか。

●**情報の正確性**…情報に矛盾がないか，科学的なデータや研究に基づいているか。

●**情報の新しさ**…情報の掲載日時や最終更新日時を確認する。

●**他の情報源からの裏付け**…情報がほかの信頼できる情報源から確認できるかどうかを調べる。

　信憑性を高める手段として，複数の情報源から同じ情報を収集し，その情報を照らし合わせることで信頼性を高める**クロスチェック**がある。

■問1　エ　の解説

💻 基礎知識

　クラウドサービスのCloudは，「雲」という意味を持つ。クラウドサービスとは，インターネットを通じて提供されるサービスで，ユーザはデータをクラウド上に保存するため，自分のパソコンやスマートフォンにデータを保存する必要がなく，必要な時にデータにアクセスすることができる。クラウドサービス利用のメリットとして以下の点が挙げられる。

【クラウドサービス利用のメリット】
- **柔軟性**…必要に応じて容量や処理能力を拡張できる。
- **導入**…導入後すぐに利用できる。
- **アクセシビリティ**…インターネットに接続するだけで，いつでもどこでもアクセスできる。
- **コスト削減**…導入時の初期投資が安価で，サーバの管理や保守などの運用コストを削減できる。
- **セキュリティ**…データのセキュリティやプライバシーを保護するための安全性が高い。災害対策にも強く，自動的にバックアップや復旧が行われる。

💡 考え方

　この問いでは，クラウドサービスを利用するメリットを利用者の立場から考えることができるかがポイントである。利用者である自治体がクラウドサービスを導入する理由（メリット）としては，[**基礎知識**]にまとめたように，次のようなことが考えられる。
- クラウドサービスには利用者が準備するものがインターネットに接続できる機器以外に必要ないこと
- 管理や拡張機能はすべてクラウド上で行うことができること

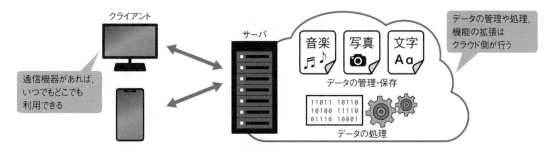

　よって，　エ　の正答は③「**サーバなどの機器を自ら設置する必要がない**」となる。

問2 次の文は，学習成果発表会に向けて，3人の生徒が発表で用いる図について説明したものである。内容を表現する図として最も適当なものを，後の解答群のうちから一つずつ選べ。

生徒A：クラスの生徒全員の通学手段について調査し，「クラス全員」を「電車を利用する」「バスを利用する」「自転車を利用する」で分類し表現します。 **オ①**
> クラス全員の通学手段を3つの集合として表現する。

生徒B：より良い動画コンテンツを制作する過程について，多くの人の意見を何度も聞き，「Plan」「Do」「Check」「Action」といった流れで表現します。 **カ⑤**
> PDCAサイクルと呼ばれるプロセス改善のための手法。

生徒C：家電量販店で販売されているパソコンを価格と重量に着目して，「5万円以上・1kg以上」「5万円以上・1kg未満」「5万円未満・1kg以上」「5万円未満・1kg未満」という区分に分類し表現します。 **キ②**
> パソコンを価格と重量の
> 2つの要素で分類する。

解説 p.79

オ ～ キ の解答群

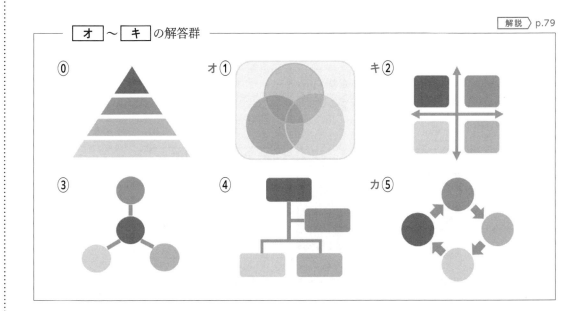

解説

▶ まずは動画で確認！

■問2 オ ～ キ の解説 ＼＼＼＼＼＼＼＼＼＼＼＼＼＼＼＼

💻 基礎知識

　図解化は，視覚的に情報を伝えるために図やグラフを使用することであり，適切な図解化を選択することは，情報の伝達をさらに効果的にするために重要である。以下に，さまざまな目的と最適な図解化について示す。

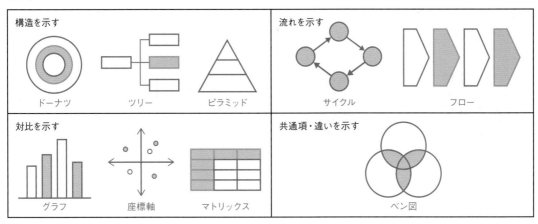

💡 考え方

　オ は，クラス全員を「電車を利用する」「バスを利用する」「自転車を利用する」で分類し表現する。通学手段は，「電車，バス，自転車」「バスと電車，電車と自転車，バスと自転車」「電車とバスと自転車」が考えられる。これらを表現できるのは，共通項や違いを示すことができる「ベン図」の①である。

　カ は，動画コンテンツ制作の過程を「Plan」→「Do」→「Check」→「Action」→「Plan」といったPDCAサイクルの流れで表現している。PDCAサイクルのポイントは，「Action」の後にフィードバック（改善・修正）を行い「Plan」に戻ることである。これを表現できるのは，「サイクル」を表す⑤である。PDCAサイクルは問題解決の流れとしてもよく出題される。

　キ のようにパソコンを「価格」と「重量」の2つの要素で比較できるのは，「座標軸」の②である。座標軸を用いて図解化することで，価格と重量の関係を視覚的に表現することができる。価格が高くても軽量なパソコンや，価格が安くても重量があるパソコンがある場合，これらを座標軸上にプロットすることで，その傾向を把握することができる。

問3 次の文章の空欄 ク ～ コ に入れるのに最も適当なものを，それぞれの解答群のうちから一つずつ選べ。

● 8階調＝2^3であることから，
1画素を3ビットで表現する。

次の図1は，モノクロの画像を16画素モノクロ8階調のデジタルデータに変換する手順を図にしたものである。このとき，手順2では ク⓪，このことを ケ① 化という。手順1から3のような方法でデジタル化された画像データは，コ⓪ などのメリットがある。

1画素3ビットで表現。

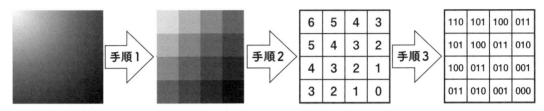

図1　画像をデジタルデータに変換する手順

解説 p.81

── ク の解答群 ──

○⓪ 区画の濃淡を一定の規則に従って整数値に置き換えており　←量子化

① 画像を等間隔の格子状の区画に分割しており　←標本化

② 整数値を二進法で表現しており　←符号化

③ しきい値を基準に白と黒の2階調に変換しており
● 白と黒の境目のこと。

解説 p.81

── ケ の解答群 ──

⓪ 符号　　　　○① 量子　　　　② 標本　　　　③ 二値
● 0と1，白と黒のように
2つの異なる情報のこと。

解説 p.81

── コ の解答群 ──

○⓪ コピーを繰り返したり，伝送したりしても画質が劣化しない

① ディスプレイ上で拡大してもギザギザが現れない

② データを圧縮した際，圧縮方式に関係なく完全に元の画像に戻すことができる

③ 著作権を気にすることなくコピーして多くの人に配布することができる

Point 2　標本化→量子化→符号化の流れとその処理内容を理解しておくと
画像や音のデジタル化に関する問題がすばやく解ける。

解　説

 ▶ まずは動画で確認！

■問3 ク ・ ケ の解説

🖥 基礎知識

デジタルカメラで撮影した画像は，小さなドットに色データが追加された画素（ピクセル）で構成されている。画像のデジタル化は，次の3つの過程で行われる。

標本化（サンプリング）：アナログ画像を一定間隔ごとに画素に分割する。

量子化：各画素の明るさを整数で表現する。

符号化：各画素の整数値を，0と1の2進数に変換する。

💡 考え方

ク ・ ケ では，手順2で行われる処理内容とその処理名を聞いている。図1より，手順2では区間ごとの色を整数に置き換えていることがわかるため，処理内容 ク の正答は⓪「**区画の濃淡を一定の規則に従って整数値に置き換えており**」，処理名 ケ の正答は①**量子**（化）である。

補足

図1では，符号化されたすべての画素について3ビットの2進法で表記されている。すべてを3ビットで表記しているのは，問題文に「モノクロ8階調のデジタルデータ」とあるように，白から黒までを8段階の明るさで表現するためには$8 = 2^3$より少なくとも3ビットのデータが必要なためである。

■問3 コ の解説

🖥 基礎知識

デジタル化された画像は，編集や共有，保存，転送が簡単で手軽に扱うことができる。この点がアナログの画像（写真）にはないメリットである。

💡 考え方

この問いでは，デジタル化された画像のメリットについて聞いている。デジタルの特徴の1つがコピーを繰り返しても劣化しないことである。よって， コ の正答は⓪「**コピーを繰り返したり，伝送したりしても画質が劣化しない**」である。

補足

①は，ディスプレイ上で表示される画像が有限の画素で構成されているためギザギザは現れるが，これはメリットにはならない。

②は，圧縮方法によっては完全に元のデータには戻すことができない圧縮方式（非可逆圧縮）があるため間違った説明である。

③は，デジタル画像は多くの人に配布することは可能だが，著作権は必ず意識しなくてはならないため，内容に間違いがある。

問4　次の先生と生徒（Kさん）の会話文を読み，空欄　サ　〜　セソ　に当てはまる数字をマークせよ。

解説 p.84〜85

> 「192.168.1/24」という表し方をCIDR（サイダー）表記（Classless Inter-Domain Routing）という。

Kさん：先生，今読んでいるネットワークの本の中に192.168.1.3/24という記述があったのですが，IPアドレスの後ろに付いている「/24」は何を意味しているのですか？

先　生：それは，ネットワーク部のビット数のことだね。

> **Point 1**　サ を解くヒント。ネットワーク部は24ビット。

Kさん：ネットワーク部ってなんですか？

> IPv4：Internet Protocol version 4 の略。

先　生：IPv4方式のIPアドレスでは，ネットワーク部によって所属するネットワークを判別することができるんだ。例えばIPアドレス192.168.1.3/24の場合，ネットワーク部のビット数は24で，IPアドレスを二進法で表した時の最上位ビットから24ビットまでがネットワーク部という意味だ。図で表すと次のようになり，ホスト部を0にしたものをネットワークアドレスと呼び192.168.1.0/24と表すんだ。

先生の説明を図で表している。

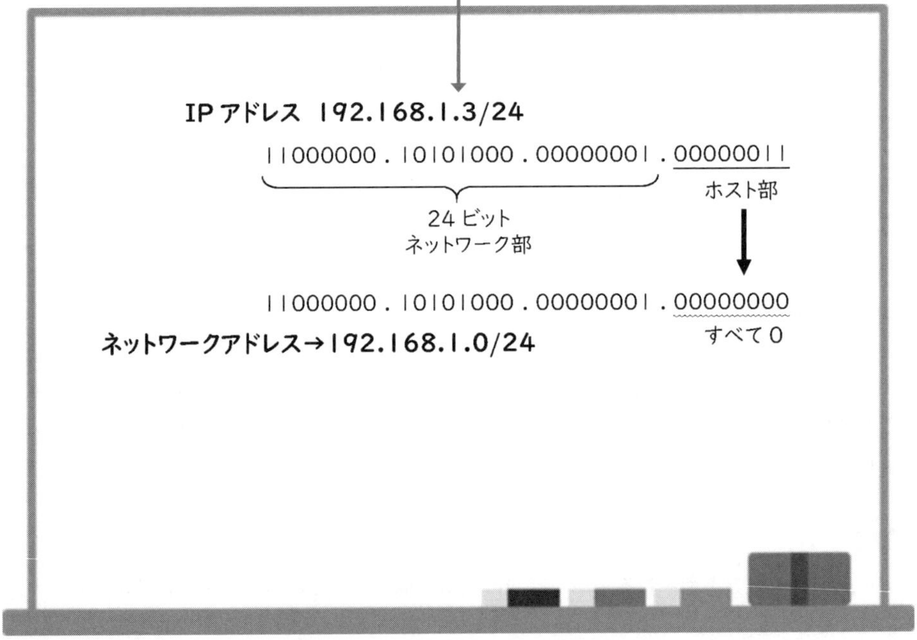

IPアドレス　192.168.1.3/24

11000000 . 10101000 . 00000001 . 00000011

24ビット　　　　　　　　　　　　　ホスト部
ネットワーク部

11000000 . 10101000 . 00000001 . 00000000

ネットワークアドレス→192.168.1.0/24　　　　すべて0

図2　先生がホワイトボードに書いた説明

> **Point 2**　IPv4方式のIPアドレスは32ビット（4つの8ビット）で表記されることを覚えておこう。

Kさん： ここに書いてあるホスト部ってなんですか？

先　生： このネットワークに接続するコンピュータなどに割り当てる固有の番号のことだよ。

Kさん： この場合は，番号が3ということですか？

先　生： その通りだ。 サ 8 ビットで表される数のうち，0にしたものはネットワークアドレスとして使用されるし，すべてのビットが1である255は管理目的で使用するため，このネットワークにはホスト部として1～254までの254台のネットワーク機器を割り当てることができるんだ。この考え方でいくと，ネットワーク部のビット数を変えることで，同じアドレスでもネットワークの規模を変えることができるんだよ。例えば，192.168.1.3/ シス 16 が割り当てられているコンピュータが接続するネットワークには，何台のネットワーク機器が接続できるかな？

> シス を解くポイント。
> ホスト部について会話をしている。

Kさん： 0とすべてのビットを1にしたものが利用できないから，256×256−2で65,534台ですか。

> 256＝8ビットを覚えておくと時短になる。

先　生： そうだね。一見同じようなアドレスでもネットワークの規模が異なることになるね。では，172.16.129.1と172.16.160.1が同じネットワークに属していると考えるとネットワーク部のビット数は最大何ビットにすることができるかな？

Kさん： 二進法で表して最上位ビットから同じところまでだから，最大 セソ 18 ビットということですか。

> セソ を解くポイント。

先　生： よく理解できたようだね。

■問4 [サ] の解説

🖥 基礎知識

ネットワーク上の住所を表すIPv4アドレスは32ビットで表されるインターネット通信規格（プロトコル）である。4つの8ビットのグループに分けられ，それぞれドットで区切られている。この32ビットは，同じネットワーク内にあるコンピュータ同士を識別するためのネットワーク部と，同じネットワーク内にある複数のコンピュータを個別に区別するためのホスト部に分けることができる。

192 　.ドット 168 　. 1 　. 3

11000000 . 10101000 . 00000001 . 00000011

8ビット　　　　8ビット　　　　8ビット　　　　8ビット

💡 考え方

ホスト部が何ビットで表されるのかを聞いている。IPv4方式は32ビットで表されており，ネットワーク部が最初の会話文にある「Point1」で24ビットであることが書かれていることから，32ビットのうち先頭24ビットはネットワーク部に割り当てられていることがわかる。ホスト部は残りの8ビットであるため，[サ] の正答は⑧である。

補足

ホスト部には，ネットワークアドレス以外に，そのネットワーク内のすべてのホストに対して，同時にパケットを送信するために使用されるブロードキャストアドレスがあり，255を割り当てるのが一般的である。0から255までのうち，0と255はこの2つに割り当てられるため，実質的にホスト部には残り1から254までの254個の値が割り当てられる。

192.168.1.0　　　ネットワークアドレス
192.168.1.1
　〜　　　　　　　割り当てられるIPアドレス
192.168.1.254
192.168.1.255　　ブロードキャストアドレス

ネットワーク部とホスト部の境界を定めるものにサブネットマスクがある。サブネットマスクは，IPアドレスの範囲をより細かく指定するためのもので，柔軟なIPアドレスの割り当てや管理ができる。サブネットマスクを2進法にした際の「1」の範囲がネットワーク部を表す。CIDR表記はIPアドレスとサブネットマスクを一緒に表記したものである。CIDR表記でもサブネットマスク表記でも対応できるようにしておくこと。

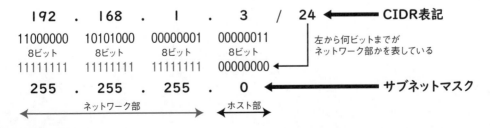

192 . 168 . 1 . 3 / 24 ◀━━ CIDR表記

11000000　10101000　00000001　00000011
8ビット　　8ビット　　8ビット　　8ビット
11111111　11111111　11111111　00000000 ◀━ 左から何ビットまでがネットワーク部かを表している

255 . 255 . 255 . 0 ◀━━ サブネットマスク

←───── ネットワーク部 ─────→　←─ ホスト部 ─→

■問 4 　 シス 　の解説

 考え方

　この問いでは，ネットワーク部が何ビットなのかを聞いている。会話文の中で先生が「コンピュータが接続するネットワークには，何台のネットワーク機器が接続できるかな？」と聞いたあと，生徒が「0 とすべてのビットを 1 にしたものが利用できないから，256×256−2 で 65,534 台ですか」と答えている。この会話は，ホスト部についての会話である。$256 = 2^8$ であることから，$2^8 \times 2^8 = 2^{16}$ より，ホスト部は 8 ビット＋8 ビット＝16 ビットとわかる。IPv4 表記は 32 ビット表記であることから，ネットワーク部は全体の 32 ビットからホスト部の 16 ビットを引いた 16 ビットとわかるため， シス 　の正答は①⑥である。

■問 4 　 セソ 　の解説

💻 基礎知識

　IP アドレスを 10 進法表記から 2 進法表記へ変換する基数変換について確認しておこう。

【10 進法→2 進法への変換手順】
①変換したい値を 2 で割り，商と余りを求める
②商が 1 になるまで，①を繰り返す
③矢印の順に値を読む（矢印の出発点に注意）

```
2 ) 13
2 )  6 … 1
2 )  3 … 0
     1 … 1
```
矢印の順に値を読む

 考え方

　2 つの IP アドレス 172.16.129.1 と 172.16.160.1 のネットワーク部が最大何ビットなのかを聞いている。会話文内の「Point 2」では，ネットワーク部について「二進法で表して最上位ビットから同じところまで」と書かれている。172.16.129.1 と 172.16.160.1 それぞれを 2 進法で表し，どこまでが同じビット列なのかがわかれば答えがわかる。

　172　.　16　.　129　.　1
10101100 . 00010000 . 10000001 . 00000001

　172　.　16　.　160　.　1
10101100 . 00010000 . 10100000 . 00000001
◄──────────────►
　18 ビットネットワーク部

最上位ビットから 18 ビット目までが同じ数値であるため， セソ 　の正答は①⑧である。

第2問 次の文章を読み，後の問い（**問1〜3**）に答えよ。

　Mさんは，18歳になって選挙権が得られたのを機に，比例代表選挙の当選者を決定する仕組みに興味を持った。そこで各政党に配分する議席数（当選者数）を決める方法を，友人のKさんとプログラムを用いて検討してみることにした。

問1 次の文章の空欄 ア 〜 ウ に入れる最も適当なものを，後の解答群のうちから一つずつ選べ。同じものを繰り返し選んでもよい。

Mさん： 表1に，最近行われた選挙結果のうち，ある地域のブロックについて，各政党の得票数を書いてみたよ。

表1　各政党の得票数

	A党	B党	C党	D党
得票数	1200	660	1440	180

●議席数＝6　　　　　　　　●基準得票数＝580

Kさん： 今回の議席数は6人だったね。得票の総数を議席数で割ると580人なので，これを基準得票数と呼ぶのがいいかな。平均して1議席が何票分の重みがあるかを表す数ということで。そうすると，各政党の得票数が何議席分に相当するかは，各政党の得票数をこの基準得票数で割れば求められるね。　　●議席数＝各政党の得票数÷基準得票数(580)

Mさん： その考え方に沿って政党ごとの当選者数を計算するプログラムを書いてみよう。まず，プログラムの中で扱うデータを図1と図2にまとめてみたよ。配列Tomeiには各政党の党名を，配列Tokuhyoには各政党の得票数を格納することにしよう。政党の数は4つなので，各配列の添字は0から3だね。

●添字が0から3であることに注意。

i	0	1	2	3
Tomei	A党	B党	C党	D党

i	0	1	2	3
Tokuhyo	1200	660	1440	180

図1　各政党名が格納されている配列　　　図2　得票数が格納されている配列

Mさん： では，これらのデータを使って，各政党の当選者数を求める図3のプログラムを書いてみよう。実行したら図4の結果が表示されたよ。

```
(01) Tomei = ["A党","B党","C党","D党"]
(02) Tokuhyo = [1200,660,1440,180]  ← ダブルクォーテーション（"）で
                                       囲むことで文字列として表現。
(03) sousuu = 0
(04) giseki = 6
(05) mを0から  ア③  まで1ずつ増やしながら繰り返す：
(06) └ sousuu = sousuu + Tokuhyo[m]
(07) kizyunsuu = sousuu / giseki   ← kizyunsuu ＝基準得票数
(08) 表示する（"基準得票数：",kizyunsuu）
(09) 表示する（"比例配分"）
(10) mを0から  ア③  まで1ずつ増やしながら繰り返す：
(11) └ 表示する（Tomei[m],"：",  イ⑧  /  ウ⓫ ）
```

図3　得票に比例した各政党の当選者数を求めるプログラム

K さん：得票数に比例して配分すると小数点のある人数になって
しまうね。小数点以下の数はどう考えようか。例えば，
A党は2.068966だから2人が当選するのかな。

M さん：なるほど。切り捨てで計算すると，A党は2人，B党は
1人，C党は2人，D党は0人になるね。あれ？　当選
者数の合計は5人で，6人に足りないよ。

基準得票数：580
比例配分
A党：2.068966
B党：1.137931
C党：2.482759
D党：0.310345

図4　各政党の当選者数の表示

K さん：切り捨ての代わりに四捨五入したらどうだろう。

M さん：そうだね。ただ，この場合はどの政党も小数点以下が0.5未満だから，切り捨てた場合と
変わらないな。だからといって小数点以下を切り上げると，当選者数が合計で9人になる
から3人も多くなってしまう。

K さん：このままでは上手くいかないなぁ。先生に聞いてみよう。

解説 p.92〜93

── ア 〜 ウ の解答群 ──

⓪ 0　　　① 1　　　② 2　　 ア③ 3　　 ④ 4　　 ⑤ 5　　 ⑥ 6　　 ⑦ Tomei[m]

イ⑧ Tokuhyo[m]　　 ⑨ sousuu　　 ⓐ giseki　　 ウ⓫ kizyunsuu

問2　次の文章の空欄 エ 〜 ス に入れる最も適当なものを，後の解答群のうちから一つずつ選べ。同じものを繰り返し選んでもよい。

Mさん：先生，比例代表選挙では各政党の当選者数はどうやって決まるのですか？　当選者数が整数なので，割合だけだと上手くいかなかったのです。　← このような手法をドント方式という。

先　生：様々な方法があるけど，日本では各政党の得票数を1，2，3，…と整数で割った商の大きい順に定められた議席を配分していく方法を採用しているよ。この例だと表2のように，❶から❻の順に議席が各政党に割り当てられるんだ。C党が❶の議席を取っているけど，このとき，何の数値を比較したか分かるかな。

表2　各政党の得票数と整数で割った商

	A党	B党	C党	D党
得票数	1200	660	1440	180
1で割った商	❷ 1200	❹ 660	❶ 1440	180
2で割った商	❺ 600	330	❸ 720	90
3で割った商	400	220	❻ 480	60
4で割った商	300	165	360	45

Mさん：1で割った商です。A党から順に1200，660，1440，180ですね。

先　生：そうだね。ではA党が❷の議席を取るとき，何の数値を比較したのだろうか。

Mさん：C党は1議席目を取ったので，1440を2で割った商である720を比較します。A党から順に1200，660，720，180ですね。この中で数値が大きいA党が議席を取ります。なるほど，妥当な方法ですね。

Kさん：この考え方で手順を考えてみようよ。

先　生：まずは候補者が十分足りるという条件で手順を考えてみるのがいいですよ。

Kさん：各政党に割り当てる議席を決めるために，比較する数値を格納する配列 Hikaku がいるね。

Mさん：各政党に配分する議席数（当選者数）を格納する配列 Tosen も必要だね。最初は議席の配分が行われていないから，初期値は全部0にしておくね。

配列 Tosen にすべて 0 を代入

図5　整数で割った値を格納する配列　　　図6　当選者数を格納する配列

Kさん：「2で割った商」の「2」のように，各政党の得票数を割るときに使う数字はどうすれば
いいかな。

→手順3の作業内容のヒント

Mさん：その政党の当選者数＋1でいいよね。配列 Tosen が使えるね。そうだ，変化したところ
だけ計算し直せばいいんじゃない？ 議席を配分する手順を書いてみよう。

手順1　配列 Tokuhyo の各要素の値を配列 Hikaku の初期値として格納する。

手順2　配列 Hikaku の要素の中で最大の値を調べ，その添字 maxi に対応する配列
Tosen［maxi］に1を加える。

手順3　Tokuhyo［maxi］を Tosen［maxi］＋1で割った商を Hikaku［maxi］に格納する。

手順4　手順2と手順3を当選者数の合計が議席数の6になるまで繰り返す。

手順5　各政党の党名（配列 Tomei）とその当選者数（配列 Tosen）を順に表示する。

図7　手順を書き出した文章

Kさん：この図7の手順が正しいか確認するために，配列 Hikaku と配列 Tosen の中がどう変化し
ていくか確認してみよう。図8のようになるね。

→図7をトレースしている。

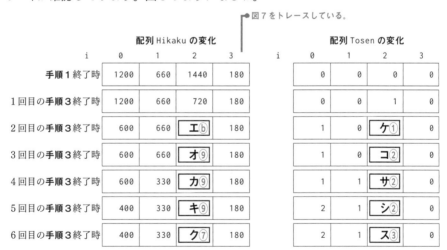

図8　配列 Hikaku と配列 Tosen の変化

Mさん：先生に教えてもらった結果と同じように，議席数が6になるまで議席を配分できたね。こ
の手順でプログラムを考えてみよう。

解説 p.94

┌─ **エ** ～ **ス** の解答群 ─

⓪ 0　　　ケ① 1　　コ・サ・シ② 2　　　ス③ 3　　　④ 4　　　⑤ 180

⑥ 288　　ク⑦ 360　　⑧ 400　オ・カ・キ⑨ 480　　ⓐ 600　　エⓑ 720

問3 次の文章の空欄 セ ～ テ に入れる最も適当なものを，後の解答群のうちから一つずつ選べ。

関数は特定の処理を行う命令のこと。

Mさん：図9のプログラムを作ってみたよ。商を整数で求めるところは小数点以下を切り捨てる「切り捨て」という関数を使ったよ。

Kさん：実行したら図10のように正しく政党名と当選者数が得られたね。

```
(01) Tomei = ["A党","B党","C党","D党"]
(02) Tokuhyo = [1200,660,1440,180]
(03) Tosen = [0,0,0,0]
(04) tosenkei = 0
(05) giseki = 6          ③3
(06) mを0から  ア  まで1ずつ増やしながら繰り返す:
(07) └ Hikaku[m] = Tokuhyo[m]
(08)  セ②  < giseki の間繰り返す:
(09) │ max = 0           ③3
(10) │ iを0から  ア  まで1ずつ増やしながら繰り返す:
(11) │ │ もし max < Hikaku[i]ならば:
(12) │ │ │  ソ②
(13) │ └ └ maxi = i
(14) │ Tosen[maxi] = Tosen[maxi] + 1
(15) │ tosenkei = tosenkei + 1
(16) └ Hikaku[maxi] = 切り捨て（ タ③ / チ⑧ ）
(17) kを0から  ア  まで1ずつ増やしながら繰り返す:
                                              ③3
(18) └ 表示する（Tomei[k],"：",Tosen[k]," 名 "）
```

図9 各政党の当選者数を求めるプログラム

先 生：できたようだね。各政党の当選者数は求められたけど，政党によっては候補者が足りない場合もあるから，その場合にも対応してみよう。図11のように各政党の候補者数を格納する配列 Koho を追加してみたらどうだろう。例えば，C党の候補者が足りなくなるように設定してみよう。

```
A党：2名
B党：1名
C党：3名
D党：0名
```

図10 各政党の当選者数の表示

i	0	1	2	3
Koho	5	4	2	3

図11　候補者数を格納する配列

Mさん：候補者が足りなくなったらどういう処理をすれば良いのですか？

先　生：比較した得票で次に大きい得票数の政党が繰り上がって議席を取るんだよ。

Mさん：なるほど。では，図9の (11) 行目の条件文を次のように修正すればいいですね。当選していない候補者はどこかの政党には必ずいるという前提だけど。

(11) 　｜｜　もし max < Hikaku[i] 　ツ⓪　 　テ⓪　 ならば:

Kさん：先生，候補者が不足するほかに，考えるべきことはありますか？

先　生：例えば，配列 Hikaku の値が同じになった政党の数が残りの議席の数より多い場合，このプログラムでは添字の小さい政党に議席が割り当てられてしまうので不公平だね。実際には，この場合はくじ引きで議席を割り当てるようだよ。

● 選択肢の「変数名」と「添字」がそれぞれ何を示しているのか注目する。選択肢が多いため混乱しないように。　解説 p.97, p.99

── **セ**, **タ・チ** の解答群 ──

⓪ max　　　　① maxi　　　　セ② tosenkei

タ③ Tokuhyo[maxi]　　④ Tokuhyo[maxi] + 1　　⑤ Tokuhyo[max]

⑥ Tosen[maxi]　　⑦ Tosen[maxi + 1]　　チ⑧ (Tosen[maxi] + 1)

解説 p.97

── **ソ** の解答群 ──

⓪ max = max + 1　　① max = Tokuhyo[i]　　○② max = Hikaku[i]

③ Hikaku[i] = max　　④ Tokuhyo[i] = max　　⑤ Tokuhyo[i] = Hikaku[i]

解説 p.99

── **ツ** の解答群 ──

○⓪ and　　　　① or　　　　② not

解説 p.99

── **テ** の解答群 ──　┌─● 不等号の向きに注意する。

○⓪ Koho[i] >= Tosen[i] + 1　　① Koho[i] < Tosen[i] + 1

② Koho[i] >= Tosen[i]　　③ Koho[i] < Tosen[i]

■問1 │ ア │ の解説

💻 基礎知識

　プログラムはコンピュータに実行させる一連の命令の集まりで，順次構造，繰り返し構造，分岐構造の3つの基本的な制御構造の組み合わせによって作られている。プログラムは，記述された順に，上から下へ向かって実行される。

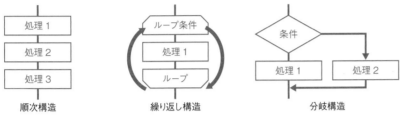

| 順次構造 | 繰り返し構造 | 分岐構造 |

　添字は，配列内にある各要素に割り当てられた番号である。添字を使うことで，配列の中から特定の要素を取り出すことができる。添字は0から始まるのが一般的だが，問題によっては0以外から始まることがある。例として，配列Tokuhyoの添字0にある値を出力する場合を示す。

　（01）Tokuhyo=[1200,660,1440,180]　　←添字は左から0，1，2，3

　（02）表示する（Tokuhyo[0]）　　　　←1200が出力される

💡 考え方

　この問いでは，配列Tokuhyo[m]の添字を0からどの値まで1ずつ増やしながら繰り返し処理を行うかを聞いている。図2より，配列Tokuhyoの添字は0から3までとわかるため，│ ア │ の正答は③3である。

補足

　繰り返しのプログラムがある場合，トレースすることで数値の変化が可視化され理解しやすい。トレースとは，手作業でプログラムの各行の実行過程を書き出していく作業である。ここでは，（05）（06）行目の各変数がどのように変化しているのか示す。（06）行目は変数sousuuの値にTokuhyo[m]を加え，結果を変数sousuuに代入する意味で，これをm=3まで繰り返す。

　（05）mを0から3まで1ずつ増やしながら繰り返す：

　（06）└ sousuu = sousuu + Tokuhyo[m]

── （03）行目 sousuu=0 より，sousuu の初期値は0

m	sousuu	sousuu + Tokuhyo[m]
0	0	0+1200(Tokuhyo[0])=1200
1	1200	1200+660(Tokuhyo[1])=1860
2	1860	1860+1440(Tokuhyo[2])=3300
3	3300	3300+180(Tokuhyo[3])=3480 ← sousuu=3480 になる

── 変数mが0から3まで
変化している

■問1 | イ | ・ | ウ | の解説

基礎知識

　算術演算子は，プログラミング言語において数値計算を行うために使用される演算子である。演算子の種類には以下のようなものがある。

演算子	意味
+	加算
-	減算
*	乗算
/	除算
//	商
%	剰余
**	べき乗

　また，算術演算子の短縮表現も理解しておくと時短になる。

演算子	表示例	説明
+=	a += b	a = a + b
-=	a -= b	a = a - b
*=	a *= b	a = a * b
/=	a /= b	a = a / b

考え方

　この問いでは，会話文から各政党の議席数を求める式を考えることができるかどうかが問われている。Kさんの発言「各政党の得票数が何議席分に相当するかは，各政党の得票数（Tokuhyo[m]）をこの基準得票数（kizyunsuu）で割れば求められるね。」より，各政党の得票数はTokuhyo[m]/kizyunsuuで求められることがわかる。よって，| イ | の正答は⑧Tokuhyo[m]，| ウ | の正答はⓑkizyunsuuである。

補足

　(10)(11)行目の繰り返し処理をトレースで表す。添字mが0，1，2，3と変化していくことでTokuhyo[m]の値が変化し，各政党の議席数がTokuhyo[m]/kizyunsuuによって求められていることを確認しておこう。

　(10) mを0から3まで1ずつ増やしながら繰り返す：

　(11) └ 表示する（Tomei[m]，"："，Tokuhyo[m]/kizyunsuu）

m	Tomei[m]	Tokuhyo[m]	kizyunsuu	Tokuhyo[m]/kizyunsuu
0	Tomei[0]=A党	Tokuhyo[0]=1200	580	1200/580=2.068966
1	Tomei[1]=B党	Tokuhyo[1]=660	580	660/580=1.137931
2	Tomei[2]=C党	Tokuhyo[2]=1440	580	1440/580=2.482759
3	Tomei[3]=D党	Tokuhyo[3]=180	580	180/580=0.310345

■問2　エ ～ ス の解説

考え方

　図7の手順をトレースして変数の変化を追うことができるかどうかが問われている。

■手順1　配列Tokuhyoの各要素の値を配列Hikakuの初期値として格納する。

・図3（02）行目のTokuhyo=[1200,660,1440,180]の各要素を配列Hikakuに格納する。

・配列Tosenの初期値にはすべて0を代入する。（会話文の中で指示あり）

	配列 Tokuhyo				配列 Hikaku				配列 Tosen		
0	1	2	3	0	1	2	3	0	1	2	3
1200	660	1440	180	1200	660	1440	180	0	0	0	0

■手順2　配列Hikakuの要素の中で最大の値を調べ，その添字maxiに対応する配列Tosen[maxi]に1を加える。

・配列Hikakuから最大値を探し，その添字と同じTosenの添字がある値に1を加える。

・配列Hikaku内の最大値はHikaku[2]の1440より，Tosen[2]の値に+1。（添字maxiは最大値がある添字）

	配列 Tokuhyo				配列 Hikaku				配列 Tosen		
0	1	2	3	0	1	2	3	0	1	2	3
1200	660	1440	180	1200	660	1440	180	0	0	0+1=1	0

■手順3　Tokuhyo[maxi]をTosen[maxi]+1で割った商をHikaku[maxi]に格納する。

・Tokuhyo[2]の値1440，Tosen[2]の値1より，Tosen[2]+1は2となる。

・よって，1440÷2=720がHikaku[2]へ格納される。

	配列 Tokuhyo				配列 Hikaku				配列 Tosen		
0	1	2	3	0	1	2	3	0	1	2	3
1200	660	1440	180	1200	660	720	180	0	0	1	0

■手順4　手順2と手順3を当選者数の合計が議席数の6になるまで繰り返す。

【2巡目】手順2：配列Hikaku内の最大値はHikaku[0]の1200より，Tosen[0]の値に+1。

	配列 Tokuhyo				配列 Hikaku				配列 Tosen		
0	1	2	3	0	1	2	3	0	1	2	3
1200	660	1440	180	1200	660	720	180	0+1=1	0	1	0

【2巡目】手順3：Tokuhyo[0]は1200，Tosen[0]は1，Tosen[0]+1は2となる。

よって，1200÷2=600がHikaku[0]へ格納される。

	配列 Tokuhyo				配列 Hikaku				配列 Tosen		
0	1	2	3	0	1	2	3	0	1	2	3
1200	660	1440	180	600	660	エ 720	180	1	0	ケ 1	0

　エ の答えは⑥720，　ケ の答えは①1となる。

【3巡目】手順2：配列Hikaku内の最大値はHikaku[2]の720より，Tosen[2]の値に+1。

	配列 Tokuhyo				配列 Hikaku				配列 Tosen		
0	1	2	3	0	1	2	3	0	1	2	3
1200	660	1440	180	600	660	720	180	1	0	1+1=2	0

【3巡目】 手順3：Tokuhyo[2]は1440，Tosen[2]は2，Tosen[2]+1は3となる。

よって，1440÷3=480がHikaku[2]へ格納される。

配列Tokuhyo				配列Hikaku				配列Tosen			
0	1	2	3	0	1	2	3	0	1	2	3
1200	660	1440	180	600	660	オ 480	180	1	0	コ 2	0

　オ　の答えは⑨480，　コ　の答えは②2となる。

【4巡目】 手順2：配列Hikaku内の最大値はHikaku[1]の660より，Tosen[1]の値に+1。

配列Tokuhyo				配列Hikaku				配列Tosen			
0	1	2	3	0	1	2	3	0	1	2	3
1200	660	1440	180	600	660	480	180	1	0+1=1	2	0

【4巡目】 手順3：Tokuhyo[1]は660，Tosen[1]は1，Tosen[1]+1は2となる。

よって，660÷2=330がHikaku[1]へ格納される。

配列Tokuhyo				配列Hikaku				配列Tosen			
0	1	2	3	0	1	2	3	0	1	2	3
1200	660	1440	180	600	330	カ 480	180	1	1	サ 2	0

　カ　の答えは⑨480，　サ　の答えは②2となる。

【5巡目】 手順2：配列Hikaku内の最大値はHikaku[0]の600より，Tosen[0]の値に+1。

配列Tokuhyo				配列Hikaku				配列Tosen			
0	1	2	3	0	1	2	3	0	1	2	3
1200	660	1440	180	600	330	480	180	1+1=2	1	2	0

【5巡目】 手順3：Tokuhyo[0]は1200，Tosen[0]は2，Tosen[0]+1は3となる。

よって，1200÷3=400がHikaku[0]へ格納される。

配列Tokuhyo				配列Hikaku				配列Tosen			
0	1	2	3	0	1	2	3	0	1	2	3
1200	660	1440	180	400	330	キ 480	180	2	1	シ 2	0

　キ　の答えは⑨480，　シ　の答えは②2となる。

【6巡目】 手順2：配列Hikaku内の最大値はHikaku[2]の480より，Tosen[2]の値に+1。

配列Tokuhyo				配列Hikaku				配列Tosen			
0	1	2	3	0	1	2	3	0	1	2	3
1200	660	1440	180	400	330	480	180	2	1	2+1=3	0

【6巡目】 手順3：Tokuhyo[2]の値は1440，Tosen[2]は3，Tosen[2]+1は4となる。

よって，1440÷4=360がHikaku[2]へ格納される。

配列Tokuhyo				配列Hikaku				配列Tosen			
0	1	2	3	0	1	2	3	0	1	2	3
1200	660	1440	180	400	330	ク 360	180	2	1	ス 3	0

　ク　の答えは⑦360，　ス　の答えは③3となる。

└ Tosenの合計が6

当選者の合計が6になったので，繰り返し処理終了となる。

■問3 セ ～ チ の解説

基礎知識

　ここでは,「図7　手順を書き出した文章」と「図9　各政党の当選者数を求めるプログラム」を関連づけた上で適切なプログラムにできるかどうかが問われている。手順とプログラムの関連づけができることがポイントである。下記に図9と図7の関係を図示した。

```
(01) Tomei = ["A党","B党","C党","D党"]

(02) Tokuhyo = [1200,660,1440,180]

(03) Tosen = [0,0,0,0]

(04) tosenkei = 0

(05) giseki = 6                      ③3

(06) mを0から  ア  まで1ずつ増やしながら繰り返す:     ┐手順1
(07) └ Hikaku[m] = Tokuhyo[m]                      ┘

(08)  セ②  < giseki の間繰り返す:  ┐手順4

(09) │  max = 0                    ③3

(10) │  iを0から  ア  まで1ずつ増やしながら繰り返す:

(11) │ │  もし max < Hikaku[i]ならば:

(12) │ │ │  ソ②                            手順2

(13) │ └ └  maxi = i

(14) │  Tosen[maxi] = Tosen[maxi] + 1

(15) │  tosenkei = tosenkei + 1

(16) └ Hikaku[maxi] = 切り捨て( タ③ / チ⑧ ) ┐手順3

(17) kを0から  ア  まで1ずつ増やしながら繰り返す:    ③3

(18) └ 表示する(Tomei[k],":",Tosen[k]," 名")  ┐手順5
```

(06)(07)行目は変数mに0から3の値を入れていくことで,配列Tokuhyoにある値を配列Hikakuに代入している。

　m=0のとき　　(07)└ Hikaku[0]=Tokuhyo[0]　　←Tokuhyo[0]は1200である

配列 Hikaku					配列 Tokuhyo			
0	1	2	3		0	1	2	3
1200					1200	660	1440	180

この作業をm=1, m=2, m=3と繰り返し,配列Hikakuに値を代入している。

配列 Hikaku			
0	1	2	3
1200	660	1440	180

　プログラムに出てくる変数名は,その変数が何を表しているかをわかりやすく説明している。特に指示が

ない場合，小文字で始まる変数は通常の変数を表し，大文字で始まる変数は配列を表している。変数はたとえていうなら名札で，名札に書かれた名前を使って特定の場所やアイテムを識別するように，変数も特定の値を特定の名前で識別するために使用する。

■問3 　セ　 の解説 ▮▮▮▮▮▮▮▮▮▮▮▮▮▮▮▮▮▮▮▮▮▮▮▮▮▮▮▮

考え方

　セ　では，「当選者数の合計」を表す変数が何か問われている。図7の手順4には「当選者数の合計が議席数の6になるまで繰り返す」とあることから，(05)行目のgiseki=6より，議席数の変数名がgisekiであることがわかる。この変数gisekiと比較する「当選者数の合計」を表す変数は，(15)行目のtosenkei=tosenkei+1である。議席数と同じ値の6になるまでtosenkeiを1ずつ加算しているのがわかる。よって，　セ　の正答は②tosenkeiとなる。

■問3 　ソ　 の解説 ▮▮▮▮▮▮▮▮▮▮▮▮▮▮▮▮▮▮▮▮▮▮▮▮▮▮▮▮

基礎知識

繰り返し構造には条件繰り返し文と順次繰り返し文がある。

条件繰り返し文は，指定された条件を満たしている（真・True）間，処理を繰り返す。処理を実行する前に条件が成り立つか判定する前判定と，処理を実行した後に条件が成り立つか判定する後判定がある。

```
【条件繰り返し文（前判定）】
《条件》の間
│《処理》
を繰り返す

例
x < 5 の間
│S = S + x
│x = x + 1
を繰り返す
```

```
【条件繰り返し文（後判定）】
繰り返し
│《処理》
を《条件》になるまで繰り返す

例
繰り返し
│S = S + x
│x = x + 1
を x < 5 になるまで繰り返す
```

順次繰り返し文は，変数の値を増減させながら処理を繰り返し実行する。

```
【順次繰り返し文】
《変数》を《初期値》から《終了値》まで《差分》ずつ増減させながら
│《処理》
を繰り返す

例
x を 1 から 5 まで 1 ずつ増やしながら
│S = S + x
を繰り返す
```

　また，分岐構造についても流れを理解しておくとよい。分岐構造は，条件が成り立つ場合に処理を実行し，成り立たない場合は処理を行わない場合と，条件が成り立つ場合は処理1を実行し，成り立たない場合は処理2を実行するパターンがある。

【分岐構造1】
もし《条件》ならば
｜《処理》
を実行する

例
もし x < 5 ならば
｜ x = x + 1
を実行する

【分岐構造2】
もし《条件》ならば
｜《処理1》
を実行する。そうでなければ
｜《処理2》
を実行する

例
もし x < 5 ならば
｜ x = x + 1
を実行する。そうでなければ
｜ y = y + 1
を実行する

考え方

　　ソ　では，繰り返し構造の中にある分岐構造の処理ができるかどうかが問われている。変数 i が 0 から 3 まで 1 ずつ増え，max と Hikaku[i] を比較した後，どのような処理を行っているか考える。i=0 の場合の (09)～(14) 行目の処理過程を示す。

```
(09)  max = 0                          ←最大値 max がわからないため 0 を最初に定義している
(10)  i を 0 から  ア  まで 1 ずつ増やしながら繰り返す：  ← i = 0 のとき
(11)  ｜  もし max < Hikaku[i] ならば：  ←もし 0 < 1200 ならば：条件が成り立つため (12) 行目の処理に移る
(12)  ｜  ｜  ソ②                        ←最大値 max が 1200 になる
(13)  ｜  ｜  maxi = i                   ←最大値がある添字 maxi は添字 0
(14)  Tosen[maxi] = Tosen[maxi] + 1      ← Tosen[0] = Tosen[0]+1   ← Tosen[0] の値は 0 から 1 になる
```

　上記のように，(11) 行目で最大値 0（初期値）と Hikaku[0] の 1200 を比較すると条件式が成り立つため，(12) 行目の処理に移行する。(12) 行目では最大値 max が 0 から Hikaku[0] の 1200 に変わる式が入る。よって，　ソ　の正答は②max=Hikaku[i] である。
　同様に，i=1 の場合の処理過程を示す。

```
(09)  max = 0                          ←最大値 max がわからないため 0 を最初に定義している
(10)  i を 0 から  ア  まで 1 ずつ増やしながら繰り返す：     ← i = 1 のとき
(11)  ｜  もし max < Hikaku[i] ならば：  ←もし 1200 < 660 ならば：条件式が成り立たないため終了
(12)  ｜  ｜  ソ②
(13)  ｜  ｜  maxi = i
(14)  Tosen[maxi] = Tosen[maxi] + 1
```

　この場合，(11) 行目の条件式が成り立たなかったため，処理が終了され，(10) 行目に戻る。

■問3 　タ ・ チ の解説 ＼｜／｜＼｜／｜＼｜／｜＼｜／｜＼｜／｜＼｜

💻 基礎知識

（16）行目に出てくる関数とは，プログラムの中で特定の処理や計算を行うために使用される機能である。与えられた値（引数）を元に決められた処理を行い，結果（戻り値）を返してくれる自動計算処理BOXのようなものだと思えばよい。

例えば数学で出てくる関数 $f(x)=2x+3$ で考えてみると，x を2倍してから3を足すという処理を行っている。このように，関数は入力値（引数）を受け取り，その引数に対して特定の処理を行って結果を表示するものである。なお，$f(x)$ の f は function（＝関数）の意味である。

$\underset{（引数）}{4}$ → 2倍して3を足す → $\underset{（戻り値）}{11}$

関数を使うことでプログラムのコードが見やすくなり，再利用や修正もしやすくなる。

💡 考え方

タ ・ チ では，（16）行目の手順3の文章を数式に置き換えることができるかどうかが問われている。図7の手順3には「Tokuhyo[maxi]をTosen[maxi]+1で割った商をHikaku[maxi]に格納する」とある。これを式で表すと，

　Hikaku[maxi]=切り捨て(Tokuhyo[maxi]/(Tosen[maxi]+1))

となる。よって，タ の正答は③Tokuhyo[maxi]，チ の正答は⑧(Tosen[maxi]+1)となる。

■問3 　ツ ・ テ の解説 ＼｜／｜＼｜／｜＼｜／｜＼｜／｜＼｜／｜

💡 考え方

ツ ・ テ では，候補者が足りなくなった場合の対策について，どのような条件にすればよいかが問われている。変数Kohoは各政党の候補者数の上限を表している。

例えばi=0のときを考える。Koho[0]=5より，A党は最大で5人までしか当選者を出すことができない。つまり，現在当選している人数Tosen[0]の値に1加えた値<=Koho[0]でなければいけない。よって，テ の正答は⓪Koho[i]>=Tosen[i]+1 である。

ポイントは，Tosen[i]に1加算しても候補者数を超えない場合（議席数に＋1する余裕がある）であるため，Tosen[i]+1と考えるとよい。

Koho[i]>=Tosen[i]+1 とmax<Hikaku[i]が同時に条件を満たすことで当選者が足りていることを判断し次の処理に移るため，ツ の正答は⓪and である。

第3問　次の文章を読み，後の問い（問1〜4）に答えよ。

　S高等学校サッカー部のマネージャーをしている鈴木さんは，「強いサッカーチームと弱いサッカーチームの違いはどこにあるのか」というテーマについて研究している。鈴木さんは，ある年のサッカーのワールドカップにおいて，予選で敗退したチーム（予選敗退チーム）と，予選を通過し，決勝トーナメントに進出したチーム（決勝進出チーム）との違いを，データに基づいて分析することにした。このデータで各国の代表の32チームの中で，決勝進出チームは16チーム，予選敗退チームは16チームであった。

　分析対象となるデータは，各チームについて，以下のとおりである。

●試合数…大会期間中に行った試合数

●総得点…大会で行った試合すべてで獲得した得点の合計

●ショートパス本数…全試合で行った短い距離のパスのうち成功した本数の合計

●ロングパス本数…全試合で行った長い距離のパスのうち成功した本数の合計

●反則回数…全試合において審判から取られた反則回数の合計

　鈴木さんは，決勝進出チームと予選敗退チームの違いについて，このデータを基に，各項目間の関係を調べることにした。データの加工には，表計算ソフトウェアを活用し，表1のデータシートを作成した。

　決勝進出チームと予選敗退チームの違いを調べるために，決勝進出の有無は，決勝進出であれば1，予選敗退であれば0とした。また，チームごとに試合数が異なるので，各項目を1試合当たりの数値に変換した。

表1　ある年のサッカーのワールドカップのデータの一部（データシート）

	A	B	C	D	E	F	G	H	I	J	K
1	チームID	試合数	総得点	ショートパス本数	ロングパス本数	反則回数	決勝進出の有無	1試合当たりの得点	1試合当たりのショートパス本数	1試合当たりのロングパス本数	1試合当たりの反則回数
2	T01	3	1	834	328	5	0	0.33	278.00	109.33	1.67
3	T02	5	11	1923	510	12	1	2.20	384.60	102.00	2.40
4	T03	3	1	650	269	11	0	0.33	216.67	89.67	3.67
5	T04	7	12	2257	711	11	1	1.71	322.43	101.57	1.57
6	T05	3	2	741	234	8	0	0.67	247.00	78.00	2.67
7	T06	5	5	1600	555	9	1	1.00	320.00	111.00	1.80

　また，データシートを基に，統計処理ソフトウェアを用いて，図1を作成した。

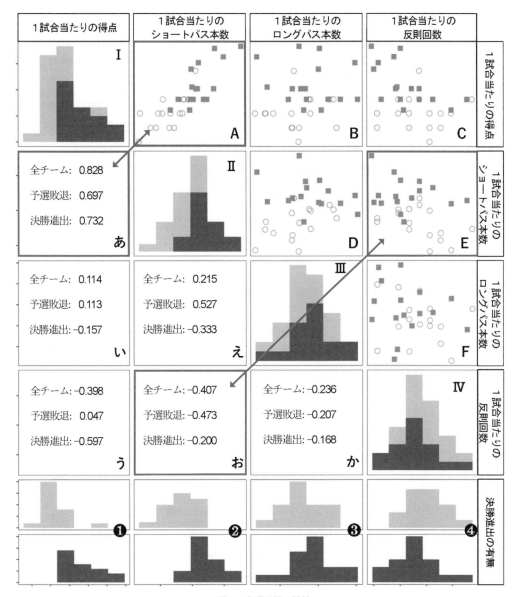

図1　各項目間の関係

► 図1について詳しく説明している文章なので,
丁寧に読めば見方がわかる。

　図1のⅠ〜Ⅳは,それぞれの項目の全参加チームのヒストグラムを決勝進出チームと予選敗退チームとで色分けしたものであり,❶〜❹は決勝進出チームと予選敗退チームに分けて作成したヒストグラムである。**あ〜か**は,それぞれの二つの項目の全参加チームと決勝進出チーム,予選敗退チームのそれぞれに限定した相関係数である。また**A〜F**は,それぞれの二つの項目の散布図を決勝進出チームと予選敗退チームをマークで区別して描いている。例えば,図1の**A**は縦軸を「1試合当たりの得点」,横軸を「1試合当たりのショートパス本数」とした散布図であり,それに対応した相関係数は**あ**で表されている。

► 図1の散布図Aと相関係数「あ」は対応している。

問1　次の問い（**a**・**b**）に答えよ。

a　次の文章を読み，空欄　ア　〜　ウ　に入れる最も適当なものをそれぞれの解答群のうちから一つずつ選べ。ただし，空欄　ア　・　イ　の順序は問わない。

　●相関がない＝相関係数が0に近い。
　　負の相関＝相関係数の符号がマイナス。

　図1を見ると，予選敗退チームにおいてはほとんど相関がないが，決勝進出チームについて負の相関がある項目の組合せは，1試合当たりの　ア⓪　と　イ③　である。また，決勝進出チームと予選敗退チームとで，相関係数の符号が逆符号であり，その差が最も大きくなっている関係を表している散布図は　ウ③　である。したがって，散布図の二つの記号のどちらが決勝進出チームを表しているかが分かった。

（順不同）

　●図1より，相関係数の符号が同じものをまず消去するとよい。

解説 ⟩ p.106

─　ア　・　イ　の解答群 ─

○⓪ 得点　　　　① ショートパス本数　　　　② ロングパス本数　　　　○③ 反則回数

解説 ⟩ p.106

─　ウ　の解答群 ─

⓪ A　　　　① B　　　　② C　　　　○③ D　　　　④ E　　　　⑤ F

b　図1から読み取れることとして**誤っているもの**を解答群から一つ選べ。　エ②

解説 ⟩ p.106

─　エ　の解答群 ─

⓪ それぞれの散布図の中で，決勝進出チームは黒い四角形（■），予選敗退チームは白い円（○）で表されている。
　　●⓪は　ウ　の答えを使って考えるとよい。

① 全参加チームを対象としてみたとき，最も強い相関がある項目の組合せは1試合あたりの得点と1試合当たりのショートパス本数である。

○② 全参加チームについて正の相関がある項目の組合せの中には，決勝進出チーム，予選敗退チームのいずれも負の相関となっているものがある。

③ 1試合当たりのショートパス本数の分布を表すグラフ❷で，下の段は決勝進出チームのヒストグラムである。

問2 次の文章を読み，空欄 **オカ** 〜 **クケ** に当てはまる数字をマークせよ。

解説 p.107

鈴木さんは，図1から，1試合当たりの得点とショートパス本数の関係に着目し，さらに詳しく調べるために，1試合当たりの得点をショートパス本数で予測する回帰直線を，決勝進出チームと予選敗退チームとに分けて図2のように作成した。

● 回帰直線を使うことで，1試合当たりの得点や，
　1試合当たりのショートパス本数が予測できる。

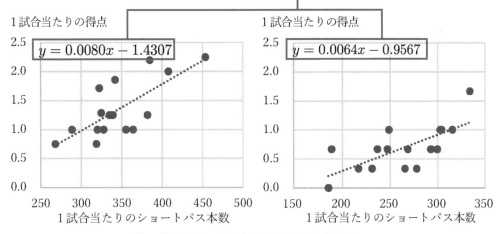

図2　決勝進出チーム（左）と予選敗退チーム（右）の
1試合当たりの得点とショートパス本数の回帰直線

● それぞれの回帰直線の x に 100 を代入することで，
　1試合当たりの得点増加数を予測している。

鈴木さんは，この結果からショートパス100本につき，1試合当たりの得点増加数を決勝進出チームと予選敗退チームで比べた場合，0.**オカ**16 点の差があり，ショートパスの数に対する得点の増加量は決勝進出チームの方が大きいと考えた。

● 答えを求める際に注意するポイント。

また，1試合当たりのショートパスが320本のとき，回帰直線から予測できる得点の差は，決勝進出チームと予選敗退チームで，小数第3位を四捨五入して計算すると，0.0 **キ**4 点の差があることが分かった。鈴木さんは，グラフからは傾きに大きな差が見られないこの二つの回帰直線について，実際に計算してみると差を見つけられることが実感できた。

さらに，ある決勝進出チームは，1試合当たりのショートパス本数が384.2本で，1試合当たりの得点が2.20点であったが，実際の1試合当たりの得点と回帰直線による予測値との差は，小数第3位を四捨五入した値で0.**クケ**56 点であった。

● 予測値が必ずしも実際のデータと同じになることはない。
　データを分析する際に注意が必要である。
　計算結果の処理（小数第3位を四捨五入）にも注意。

問3　次の文章を読み，空欄　コ　・　サ　に入れるのに最も適当なものを解答群のうちから一つ
　　ずつ選べ。ただし，空欄　コ　・　サ　の順序は問わない。

　鈴木さんは，さらに分析を進めるために，データシートを基に，決勝進出チームと予選敗退チー
ムに分けて平均値や四分位数などの基本的な統計量を算出し，表2を作成した。このシートを「分
析シート」と呼ぶ。

表2　1試合当たりのデータに関する基本的な統計量（分析シート）

	A	B	C	D	E	F	G	H	I
1		決勝進出チーム				予選敗退チーム			
2	統計量	1試合当たりの得点	1試合当たりのショートパス本数	1試合当たりのロングパス本数	1試合当たりの反則回数	1試合当たりの得点	1試合当たりのショートパス本数	1試合当たりのロングパス本数	1試合当たりの反則回数
3	合計	21.56	5532.21	1564.19	41.30	11.00	4213.33	1474.33	48.00
4	最小値	0.75	268.00	74.40	1.50	0.00	185.67	73.67	1.67
5	第1四分位数	1.00	321.82	92.25	2.10	0.33	235.25	87.67	2.58
6	第2四分位数	1.25	336.88	96.02	2.40	0.67	266.83	91.67	3.00
7	第3四分位数	1.75	368.33	103.50	3.00	1.00	300.08	98.00	3.42
8	最大値	2.25	453.50	118.40	4.50	1.67	334.00	109.33	4.67
9	分散	0.23	1926.74	137.79	0.67	0.15	1824.08	106.61	0.61
10	標準偏差	0.48	43.89	11.74	0.82	0.38	42.71	10.33	0.78
11	平均値	1.35	345.76	97.76	2.58	0.69	263.33	92.15	3.00

第2四分位数＝中央値

　鈴木さんは，この分析シートから　コ⓪　と　サ③　について正しいことを確認した。

（順不同）

解説　p.108

統計に出てくる用語を理解しておくと問題文を読むスピードが速い。

─　コ　・　サ　の解答群　─

○⓪　1試合当たりのロングパス本数のデータの散らばりを四分位範囲の視点で見ると，決勝進
　　出チームよりも予選敗退チームの方が小さい。

①　1試合当たりのショートパス本数は，決勝進出チームと予選敗退チームともに中央値より
　　平均値の方が小さい。

②　1試合当たりのショートパス本数を見ると，決勝進出チームの第1四分位数は予選敗退チー
　　ムの中央値より小さい。

○③　1試合当たりの反則回数の標準偏差を比べると，決勝進出チームの方が予選敗退チームよ
　　りも散らばりが大きい。

④　1試合当たりの反則回数の予選敗退チームの第1四分位数は，決勝進出チームの中央値よ
　　り小さい。

問4　次の文章を読み，空欄　シ　に入れる最も適当なものを解答群のうちから一つ選べ。
また，　ス　・　セソ　については，当てはまる数字をマークせよ。

　　　　　　　　　　　　　　　　　　シ の解答群を図1,表2と比較する。　　解説 p.109

　鈴木さんは，作成した図1と表2の両方から，　シ③　ことに気づき，決勝進出の有無と1試合当
たりの反則回数の関係に着目した。そこで，全参加チームにおける1試合当たりの反則回数の第1
四分位数（**Q1**）未満のもの，第3四分位数（**Q3**）を超えるもの，**Q1以上Q3以下の範囲のものの
三つに分け**，それと決勝進出の有無で，次の表3のクロス集計表に全参加チームを分類した。ただ
し，※の箇所は値を隠してある。

　　　　　　　　　　　　　　　　　　　　　　　　クロス集計は，2つの質問項目を「クロス」
　　　　　　　　　　　　　　　　　　　　　　　　させて表を作成し，相互の関係をみる手法。
　　　　　　　箱ひげ図の見方を理解しておくと問題文の理解が速い。

表3　決勝進出の有無と1試合当たりの反則回数に基づくクロス集計表

	1試合当たりの反則回数			
	Q1未満	Q1以上Q3以下	Q3を超える	計
決勝進出チーム	※	※	※	16
予選敗退チーム	2	※	ス4	16
全参加チーム	8	※	7	32

　この表から，決勝進出チームと予選敗退チームの傾向が異なることに気づいた鈴木さんは，割合
に着目してみようと考えた。決勝進出チームのうち1試合当たりの反則回数が全参加チームにおけ
る第3四分位数を超えるチームの割合は約19％であった。また，1試合当たりの反則回数がその
第1四分位数より小さいチームの中で決勝進出したチームの割合は　セソ75　％であった。

　その後，鈴木さんはこの分析の結果を顧問の先生に相談し，部活動のメンバーにも報告した。そ
して，分析の結果を参考にしてサッカー部の今後の練習計画と目標を再設定するとともに，さらな
る知見が得られないか分析を進めることとした。

　　　　　　　　　　　　　　　　　　　　　　　　　　　　　　　　　解説 p.109

┌─── シ の解答群 ───────────────────────────────
│
│ ⓪ 1試合当たりの反則回数が最も多いチームは，決勝進出チームである
│
│ ① 1試合当たりの反則回数と1試合当たりの得点の間には，全参加チームにおいて正の相関
│ 　がある
│
│ ② 1試合当たりの反則回数と1試合当たりの得点の間には，決勝進出チームと予選敗退チー
│ 　ムのそれぞれで負の相関がある
│
│○③ 図1の❹のヒストグラムでは決勝進出チームの方が予選敗退チームより分布が左にずれて
│ 　いる
│
└──

■問1 ア ・ イ の解説 ＼＼＼＼＼＼＼＼＼＼＼＼＼＼＼＼＼＼＼＼＼

🖥 基礎知識

　相関分析は，2つの変数間の関係を調べる統計的手法である。相関関係の強さを-1から1の範囲で表したものを相関係数といい，1に近いほど正の相関が，-1に近いほど負の相関が強い。相関係数が0に近い場合，2つの変数の間には相関関係はない。

　また，図1のように複数の変数の間の関係を視覚的に表現するためのグラフの集まりを散布図行列という。散布図行列では，各変数が横軸と縦軸に配置され，複数の変数の組み合わせごとにデータ点の散布図を作成する。散布図行列の見方は，**あ〜か**の相関係数が書かれた対角線に，対応する**A〜F**の散布図がある。（説明文に**A**の散布図に対応したものは**あ**と書かれているのがヒントとなる。）

💡 考え方

　この問いでは，図1の相関係数から2つの変数の関係を読み取る力が問われている。図1の**あ〜か**は，「それぞれの二つの項目の全参加チームと決勝進出チーム，予選敗退チームのそれぞれに限定した相関係数」であると書かれている。その中で，「予選敗退チームにおいてはほとんど相関がない」が，「決勝進出チームについて負の相関がある」項目の組合せを探せばよい。**あ〜か**の中では，**う**が予選敗退：0.047とほとんど相関がなく，決勝進出：−0.597と負の相関であることがわかる。

　横軸と縦軸を見ると，**う**は「1試合当たりの得点」と「1試合当たりの反則回数」の関係であるため，ア ・ イ の正答は⓪**得点**と③**反則回数**である。（順不同）

■問1 ウ の解説 ＼＼＼＼＼＼＼＼＼＼＼＼＼＼＼＼＼＼＼＼＼

💡 考え方

　この問いでは，図1の散布図行列から該当する散布図が選べるかどうかが問われている。まず，**あ〜か**から「決勝進出チームと予選敗退チームとで，相関係数の符号が逆符号」であるものを探すと，**い**，**う**，**え**である。この3つの中で，「その差が最も大きくなっている関係」のものを探す。

　右表より，差が最も大きいのは**え**であり，関連する散布図は，対角線にある**D**である。よって，空欄 ウ の正答は③**D**である。

	決勝進出チーム	予選敗退チーム	差
い	-0.157	0.133	0.27
う	-0.597	0.047	0.644
え	-0.333	0.527	0.86

■問1 エ の解説 ＼＼＼＼＼＼＼＼＼＼＼＼＼＼＼＼＼＼＼＼＼

💡 考え方

　この問いでは，図1を正しく読み取ることができるかどうかが問われている。

⓪ →決勝進出チームと予選敗退チームを見分けるポイントは，それぞれの相関係数の差が大きいものを探し，対応する散布図からどちらが■か○かを判断することである。 ウ では，最も相関係数の差が大きいものは**え**であり，それに関連する散布図は**D**であることがわかる。また，**え**より予選敗退チームは正の相関，決勝進出チームは負の相関であることがわかるため，右図より，決勝進出チームは右下がり（負の相関）の■，予選敗退チームは右上が

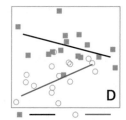

り（正の相関）の〇であることがわかる。正しい。

① →全参加チームを対象にした最も相関が強いものは，**あ**の0.828である。**あ**は問題文の中に得点と1試合当たりのショートパス本数に対応した相関係数とある。正しい。

② →全チームについて正の相関がある項目は，**あ，い，え**である。この中で，決勝進出チーム，予選敗退チームいずれも負の相関になっているものはない。誤っている。

③ →⓪より，■が決勝進出チームとわかっているため，**A**の散布図を見る。横軸が1試合当たりのショートパス本数，縦軸は1試合当たりの得点を表しており，決勝進出チームの1試合当たりのショートパス本数は，予選敗退チームと比較して多いことがわかる。よって，グラフ❷では下段が決勝進出チームのヒストグラムであることがわかる。正しい。

以上より，「**誤っているもの**」を選ぶ ボックス エ の正答は②である。

■問2 ボックス オカ の解説 ▌▌▌▌▌▌▌▌▌▌▌▌▌▌▌▌▌▌▌▌▌▌▌▌▌▌▌▌

💻 基礎知識

回帰直線の見方と，それを用いた予測の仕方について復習しておこう。→p.70

💡 考え方

　この問いでは回帰直線の使い方が問われている。得点増加数を求めるには回帰直線のxにショートパス本数を代入すればよい。このようにして1試合当たりの得点増加数をそれぞれ求め，その差が答えとなる。

●**決勝進出チーム**：$y = 0.0080 \times 100 = 0.8$

●**予選敗退チーム**：$y = 0.0064 \times 100 = 0.64$

　両者の差は$0.8 - 0.64 = 0.16$になる。よって， ボックス オカ の正答は①⑥である。

■問2 ボックス キ の解説 ▌▌▌▌▌▌▌▌▌▌▌▌▌▌▌▌▌▌▌▌▌▌▌▌▌▌▌▌▌▌

💡 考え方

　この問いは ボックス オカ と同様の問題である。ショートパスの本数から回帰直線を使って1試合当たりの得点を予測し，決勝進出チームと予選敗退チームの得点の差を求める。

●**決勝進出チーム**：$y = 0.0080 \times 320 - 1.4307　= 1.1293　= 1.13$（小数第3位を四捨五入）

●**予選敗退チーム**：$y = 0.0064 \times 320 - 0.9567　= 1.0913　= 1.09$（小数第3位を四捨五入）

　決勝進出チームの値から予選敗退チームの値を引くと0.04になる。よって， ボックス キ の正答は④である。

■問2 ボックス クケ の解説 ▌▌▌▌▌▌▌▌▌▌▌▌▌▌▌▌▌▌▌▌▌▌▌▌▌▌▌

💡 考え方

　この問いは，決勝進出チームの実際のデータと予測値には誤差があることを知るための問いである。ショートパス本数384.2を回帰直線のxに代入して求めた得点数と，実際の得点2.20の差を求める。

●**予測**：$y = 0.0080 \times 384.2 - 1.4307　= 1.6429$

●**差**　：$2.20 - 1.6429 = 0.5571　= 0.56$（小数第3位を四捨五入）

　よって， ボックス クケ の正答は⑤⑥である。

解　説

基礎知識

　四分位数とは，データを小さい順に並べ，データの個数を4等分したときの区切り値のことで，これを可視化したものが箱ひげ図である。また，第1四分位数から第3四分位数の範囲を**四分位範囲**といい，第2四分位数＝**中央値**である。

　分散，標準偏差はどちらもデータの散らばりを表している。標準偏差は分散の平方根で直感的に理解しやすく，それぞれ値が大きいほどデータの散らばりが大きくなる。

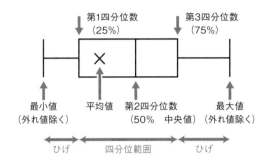

考え方

　この問いでは，統計用語を理解した上で，指定されたデータを表2からそれぞれ探し，思考する力が問われている。

⓪「四分位範囲」とは，第1四分位数から第3四分位数の範囲（箱ひげ図の「箱」にあたる部分）である。
　それぞれ1試合当たりのロングパス本数における四分位範囲をみる。
●**決勝進出チーム**：103.50−92.25＝11.25
●**予選敗退チーム**：98.00−87.67＝10.33
予選敗退チームのほうが散らばりは小さいことがわかるため，正しい。

① 中央値＝第2四分位数であることに注意する。
●**決勝進出チームのショートパス本数**：中央値＝336.88　＜　平均値＝345.76
●**予選敗退チームのショートパス本数**：中央値＝266.83　＞　平均値＝263.33
決勝進出チームは平均値のほうが大きいため，間違い。

② ●**決勝進出チームのショートパス本数の第1四分位数**＝321.82
●**予選敗退チームのショートパス本数の中央値**＝266.83
決勝進出チームのショートパス本数の第1四分位数が予選敗退チームの中央値より大きいため，間違い。

③ ●**決勝進出チームの1試合当たりの反則回数の標準偏差**＝0.82
●**予選敗退チームの1試合当たりの反則回数の標準偏差**＝0.78
標準偏差の値は決勝チームのほうが大きい（散らばりが大きい）ため，正しい。

④ ●**予選敗退チームの反則回数の第1四分位数**＝2.58
●**決勝進出チームの反則回数の中央値**＝2.40
第1四分位数が中央値よりも大きいため，間違い。

　よって，　コ　・　サ　の正答は⓪と③である。（順不同）

■問4　シ　の解説

考え方

それぞれの選択肢に対して，図1や表2から正しい情報を選択できるかどうかが問われている。

⓪ →表2の「1試合当たりの反則回数」の最大値をみる。

　●**決勝進出チーム**＝4.50　　●**予選敗退チーム**＝4.67

　反則回数が最も多いのは予選敗退チームである。よって，間違い。

① →1試合当たりの反則回数と1試合当たりの得点の関係を表しているのは図1の**う**である。全参加チームにおいて -0.398 と負の相関であるため，間違い。

② →1試合当たりの反則回数と1試合当たりの得点の関係を表しているのは図1の**う**である。決勝進出チームは -0.597 と負の相関，予選敗退チームは 0.047 と正の相関であるため，間違い。

③ →図1の❹のヒストグラムは決勝進出の有無と1試合当たりの反則回数の関係を表している。表2より，反則回数のそれぞれの平均値をみると，決勝進出チームの反則回数が少ない（決勝進出チーム＝2.58，予選敗退チーム＝3.00）。よって，全体的に反則回数が少ないのが決勝進出チームとなり，ヒストグラムの分布は左に寄っているため，正しい。また，問1において，上段が予選敗退チーム，下段が決勝進出チームとわかっている。

　よって，　シ　の正答は③である。

■問4　ス　・　セソ　の解説

考え方

　ス　では，表3のクロス集計表の見方，それぞれの項目の意味を理解しているかどうかが問われている。問題文に，「決勝進出チームのうち1試合当たりの反則回数が全参加チームにおける第3四分位数を超えるチームの割合は約19％であった」とある。決勝進出チーム16チームの約19％，つまり 16×0.19≒3 が表の中に入る。

	1試合当たりの反則回数			
	Q1未満	Q1以上Q3以下	Q3を超える	計
決勝進出チーム	※	※	3	16
予選敗退チーム	2	※	ス	16
全参加チーム	8	※	7	32

　よって，　ス　は 7−3＝4 で求めることができ，　ス　の正答は④となる。

　セソ　は，　ス　をもとにその他の※を埋めていくことで求めることができる。そして，Q1未満の決勝進出チームの割合は，Q1未満の全体が8チーム，決勝進出チームが6チームであるため，6÷8＝0.75 より 75％となる。よって，　セソ　の正答は⑦⑤である。

	1試合当たりの反則回数			
	Q1未満	Q1以上Q3以下	Q3を超える	計
決勝進出チーム	6	7	3	16
予選敗退チーム	2	10	4	16
全参加チーム	8	17	7	32

第1問 次の問い（問1〜4）に答えよ。

問1 インターネットを使ったサービス利用に関する次の問い（**a・b**）に答えよ。

a SNSやメール，Webサイトを利用する際の注意や判断として，適当なものを，次の**⓪**〜**⑤**のうちから二つ選べ。ただし，解答の順序は問わない。 **ア①** ・ **イ④**
（順不同）

解説 ▷ p.111

⓪ 相手からのメッセージにはどんなときでも早く返信しなければいけない。

○**①** 信頼関係のある相手とSNSやメールでやり取りする際も，悪意を持った者がなりすましている可能性を頭に入れておくべきである。

② Webページに匿名で投稿した場合は，本人が特定されることはない。

③ SNSの非公開グループでは，どんなグループであっても，個人情報を書き込んでも問題はない。

○**④** 一般によく知られているアニメのキャラクターの画像をSNSのプロフィール画像に許可なく掲載することは，著作権の侵害にあたる。

⑤ 芸能人は多くの人に知られていることから肖像権の対象外となるため，芸能人の写真をSNSに掲載してもよい。

b インターネット上の情報の信ぴょう性を確かめる方法として，最も適当なものを次の**⓪**〜**③**のうちから一つ選べ。 **ウ③**

解説 ▷ p.111

⓪ 検索エンジンの検索結果で，上位に表示されているかどうかで判断する。

① Q&Aサイトの回答は，多くの人に支持されているベストアンサーに選ばれているかどうかで判断する。

② SNSに投稿された情報は，共有や「いいね」の数が多いかどうかで判断する。

○**③** 特定のWebサイトだけでなく，書籍や複数のWebサイトなどを確認し，比較・検証してから判断する。

解 説

▶ まずは動画で確認！

■問1　ア ・ イ　の解説

💡 考え方

　SNSやメール，Webサイトなどを利用する際に何に注意すべきか，日頃からニュースなどを通してトラブルを把握し，予防や対策などの情報を収集しておくことが大切である。

⓪「どんなときでも早く」ということは，例えば，スマートフォンの使用を禁止されている施設の中にいる場合や，授業中に個人的なメールを受け取った場合でも即対応するということになる。これはマナー違反行為にあたるため，不正解である。

① なりすまし行為は，アカウント・パスワードを不正に入手されてしまうことで簡単に行われる。本人が注意していても，個人情報が誤って漏洩したり，他人から入手されたりする場合もある。常にこのような危険性があることを念頭におき，パスワードの強度を上げるなどの自己管理は必要である。

② 匿名で投稿しても本人が特定される場合は存在する。投稿する際に使用した機器などには，インターネット上の住所であるIPアドレスが付与される。プロバイダ責任制限法の中には，投稿した人の情報を開示請求できる制度「発信者情報開示請求」があり，Webページの運営者に対してIPアドレスの開示を求めることができる。IPアドレスから利用者の氏名や住所を特定することが可能になる。よって，不正解である。

③ たとえ非公開のグループであっても，グループ内のメンバーの一人が個人情報を他の人に教えてしまう可能性はある。また，不正に入手したアカウントでそのメンバーになりすまし，グループに参加して個人情報を得るケースもあるため，書き込む内容は慎重に選ぶべきである。よって，不正解である。

④ よく知られているかどうかにかかわらず，アニメや漫画のキャラクターには作者が存在している。著作権は創作した人に与えられる権利であり，無断で使用することは著作権を侵害する。

⑤ 肖像権とは憲法第13条の幸福追求権から派生した権利で，本人に許可なく撮影されたり，撮影した肖像を無断で使用されたりしない権利である。芸能人であってもこの権利を有する。そのため，勝手に芸能人の写真をSNSに掲載する行為は肖像権の侵害となる。また，芸能人の氏名や肖像などから経済的な価値が生まれる場合もあり，許可なく営利目的の利用から保護する「パブリシティ権」も持ち，同時にこの権利を侵害することにもなるため，使用には注意が必要である。よって，不正解である。

■問1　ウ　の解説

💡 考え方

　インターネット上の情報はさまざまな人が自由に情報発信できるメディアである。発信されているメディアの特性を考えて，主体的批判的に受け取ることが重要である。

⓪ 検索エンジンは，特定の文書などに順位をつけ，関連性が高いと判断されたものから順に上位に表示させる仕組みをもつ。SEO対策（検索エンジン最適化）を行うことで，特定のWebサイトを上位に表示させることも可能である。そのため，検索結果が上位になっているからといって信頼性が高いとはいえず，信ぴょう性を確かめる方法とはいえない。よって，不正解である。

① Q＆Aサイトでベストアンサーに選ばれている回答は，質問者が最も納得した回答である。その答えが正しいかどうかは判断できないため，不正解である。

②「いいね」とする基準は，共感したから，おもしろいからが多く，その情報が正しいかどうかは判断できない。実際に「いいね」が多くついたデマ情報が拡散されて問題になった事例もある。よって，不正解である。

③ 書籍や複数のWebサイトを自ら確認し，比較・検証する行為を「クロスチェック」という。メディアから得た情報を主体的に読み解く力「メディアリテラシー」が求められている。よって，正解である。

問2　次の文章の空欄 エ ・ オ に入れるのに最も適当なものを，後の解答群のうちから一つずつ選べ。

Point 1 誤り検出方法の1つであるパリティチェックの方法を説明している。
奇数・偶数パリティチェックの特徴を覚えておくと時短につながる。

　データの通信において，受信したデータに誤りがないか確認する方法の一つにパリティチェックがある。この方法では，データにパリティビットを追加してデータの誤りを検出する。ここでは，送信データの1の個数を数えて，1の個数が偶数ならパリティビット0を，1の個数が奇数ならパリティビット1を送信データに追加して通信することを考える。例えば，図1に示すように送信データが「01000110」の場合，パリティビットが1となるため，パリティビットを追加したデータ「010001101」を送信側より送信する。

Point 2 パリティビットが1であるのは，1の個数が偶数になるように
ビットを追加しているからである。

送信データ
↓

↑
パリティビット

図1　送信データ「01000110」とパリティビット

　受信側では，データの1の個数が偶数か奇数かにより，データの通信時に誤りがあったかどうかを判定できる。この考え方でいくと， エ① 。

　例えば，16進法で表記した「7A」を2進法で8ビット表記したデータに，図1と同様にパリティビットを追加したデータは，「 オ① 」となる。

解説 ⟩ p.114

── **エ** の解答群 ──

⓪ パリティビットに誤りがあった場合は，データに誤りがあるかどうかを判定できない

○① パリティビットを含め，一つのビットの誤りは判定できるが，どのビットに誤りがあるかは分からない

② パリティビットを含め，一つのビットの誤りは判定でき，どのビットに誤りがあるかも分かる

③ パリティビットを含め，二つのビットの誤りは判定できるが，どのビットに誤りがあるかは分からない

④ パリティビットを含め，二つのビットの誤りは判定でき，どのビットに誤りがあるかも分かる

解説 ⟩ p.115

── **オ** の解答群 ──

⓪ 011110100	○① 011110101	② 011110110
③ 011110111	④ 101001110	⑤ 101001111

■問2 エ の解説

基礎知識

コンピュータのデータ伝送は0と1の電気信号のため，ノイズ等の影響により0と1のデータが書き換わる可能性がある。パリティチェックは，チェック用の符号であるパリティビット（2進数）を1つ追加し，伝送途中でデータが書き換わったかどうかチェックする方法である。伝送されたデータの1の個数が偶数（または奇数）個になっているかをチェックして誤りを検出する。

●偶数パリティチェック

| 01000110 | 1 | …1の個数が偶数になるようにパリティビットを割り当てる。

●奇数パリティチェック

| 01000110 | 0 | …1の個数が奇数になるようにパリティビットを割り当てる。

この問題では，問題文中に「例えば，図1に示すように送信データが「01000110」の場合，パリティビットが1となるため，パリティビットを追加したデータ「010001101」を送信側より送信する」とあることから，偶数パリティチェックであると判断できる。これを前提に問題を解説する。

⓪ パリティビットに誤りがあった場合は，データに誤りがあるかどうかを判定できない
→下図のように，パリティビットが何らかの原因で置き換わったとしても，1の個数で判断しているため，どこかに誤りがあることはわかるが，データが誤りなのかパリティビットが誤りなのか判断がつかない。よって不正解である。

| 01000110 | 1 | → | 01000110 | 0 |

① パリティビットを含め，一つのビットの誤りは判定できるが，どのビットに誤りがあるかは分からない
→⓪の解説にもあるように，パリティチェックは一つのビットの誤りは判定できるが，どのビットに誤りがあるかわからない。よって正解である。

② パリティビットを含め，一つのビットの誤りは判定でき，どのビットに誤りがあるかも分かる
→どのビットに誤りがあるかを判断するためには，以下のような水平垂直パリティチェックを行う必要がある。この方法を用いず一次元の状態では，誤りのあるビットが特定できない。よって不正解である。

	a列	b列	c列	d列	e列
①行	1	0	1	1	1
②行	0	0	1	0	0
③行	1	1	1	1	0
④行	0	0	1	1	0
⑤行	0	0	1	0	

誤り → ②行のa列（0）

水平方向は偶数パリティチェック

垂直方向は奇数パリティチェック

③ パリティビットを含め，二つのビットの誤りは判定できるが，どのビットに誤りがあるかは分からない
→以下のように，2つのビットが変わってしまった場合は1の個数が偶数のまま変化しないため，誤りがあったかどうかを判断することはできない。よって不正解である。

| 01000110 | 1 | → | 01010110 | 0 |

④ パリティビットを含め，二つのビットの誤りは判定でき，どのビットに誤りがあるかもわかる
→③の解説にもあるように，2つのビットに誤りがあっても正しく判断できない。さらに，どのビットに誤りがあるか特定することも不可能である。よって不正解となる。

以上より，　エ　の正答は①である。

■問2　オ　の解説

考え方

16進法で表記した「7A」を2進法で8ビット表記したデータに変換する。7はそのまま考えればよいが，Aは10進法で「10」を表すことを忘れてはならない。また，16進法は4ビットをひとかたまりにしたビット列のため，以下のように考える。

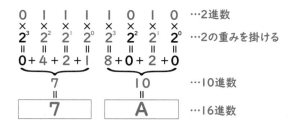

求めた2進法で8ビット表記したデータは次の通りである。

| 01111010 |

このデータにパリティビットを追加する。この問題で扱うのは「偶数パリティチェック」のため，1が偶数個になるように追加すると以下のようになる。

| 01111010 | 1 |

よって，　オ　の正答は①011110101である。

問3　次の文章を読み，空欄 カ ～ ク に入れるのに最も適当なものを，後の解答群のうちから一つずつ選べ。

● 今回の問題では表1のように図記号と真理値表が示されているが，
これらは基本となる論理回路のため，覚えておくと時間短縮につながる。

　基本的な論理回路には，論理積回路（AND回路），論理和回路（OR回路），否定回路（NOT回路）の三つがあげられる。これらの図記号と真理値表は次の表1で示される。真理値表とは，入力と出力の関係を示した表である。

表1　図記号と真理値表

回路名	論理積回路	論理和回路	否定回路
図記号	A,B → X	A,B → X	A → X
真理値表	入力 A B / 出力 X 0 0 / 0 0 1 / 0 1 0 / 0 1 1 / 1	入力 A B / 出力 X 0 0 / 0 0 1 / 1 1 0 / 1 1 1 / 1	入力 A / 出力 X 0 / 1 1 / 0

● A，Bからの入力値と解釈すると，A，Bともに1が入力されるとパネルに1が出力され，
それ以外はすべて0が出力される。このように出力できる論理回路記号を選ぶ。

（1）　S航空会社が所有する旅客機の後方には，トイレが二つ（A・B）ある。トイレAとトイレBの両方が同時に使用中になると乗客の座席前にあるパネルのランプが点灯し，乗客にトイレが満室であることを知らせる。入力Aは，トイレAが使用中の場合には1，空いている場合には0とする。Bについても同様である。出力Xはランプが点灯する場合に1，点灯しない場合に0となる。これを実現する論理回路は次の図2である。

図2　(1)の論理回路

▶AかつB，BかつC，AかつCのいずれか1つの組み合わせでランプが点灯する。

(2)　S航空会社では新しい旅客機を購入することにした。この旅客機では，トイレを三つ（**A・B・C**）に増やし，三つのうちどれか二つ以上が使用中になったら混雑を知らせるランプを点灯させる。入力や出力は（1）と同様とする。この場合の真理値表は キ② で，これを実現する論理回路は図3である。

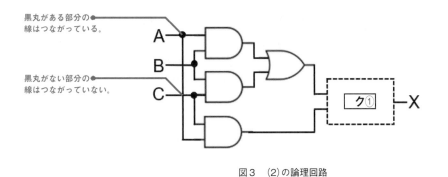

黒丸がある部分の
線はつながっている。

黒丸がない部分の
線はつながっていない。

図3　(2)の論理回路

解説 p.118, p.120

カ , **ク** の解答群

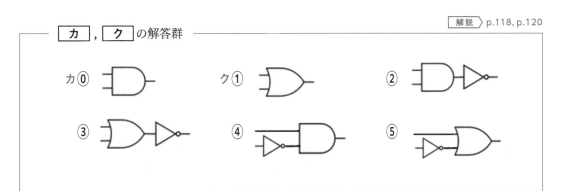

解説 p.119

キ の解答群

⓪

入力			出力
A	B	C	X
0	0	0	0
0	0	1	0
0	1	0	0
0	1	1	0
1	0	0	0
1	0	1	0
1	1	0	0
1	1	1	1

①

入力			出力
A	B	C	X
0	0	0	0
0	0	1	1
0	1	0	1
0	1	1	0
1	0	0	1
1	0	1	0
1	1	0	0
1	1	1	1

○②

入力			出力
A	B	C	X
0	0	0	0
0	0	1	0
0	1	0	0
0	1	1	1
1	0	0	0
1	0	1	1
1	1	0	1
1	1	1	1

③

入力			出力
A	B	C	X
0	0	0	0
0	0	1	1
0	1	0	1
0	1	1	1
1	0	0	1
1	0	1	1
1	1	0	1
1	1	1	1

■問3 カ の解説

基礎知識

　コンピュータの内部には，論理演算を行う電子回路が数多く存在する。これらのことを論理回路と呼ぶ。ほとんどの場合，米軍の規格（Military Standard）であるMIL記号を使って図示する。

　問題の解答群にも掲載があるが，主なMIL記号と入出力パターンについて示す。また，JIS規格の記号も挙げておく。

論理回路	MIL記号	JIS規格記号	日本語／英語表記	真理値表
AND回路 すべての入力から1が伝達されたときのみ出力が1になる。	A ─⊐D─ X B ─	&	論理積 AND	A B X 0 0 0 0 1 0 1 0 0 1 1 1
OR回路 入力のいずれかから1が伝達されれば，出力は1になる。	A ─⊐D─ X B ─	≧1	論理和 OR	A B X 0 0 0 0 1 1 1 0 1 1 1 1
NOT回路 入力に対して，出力が反転する。	A ─▷○─ X	1	否定 NOT	A X 0 1 1 0

　否定回路と論理積，論理和回路を組み合わせたものや排他的論理和回路と呼ばれるものもある。NANDはNOT ANDという意味で「ナンド」，NORはNOT ORという意味で「ノア」という。XORはExclusive ORという意味で「エックスオア」という。また，EORと表現する場合もあり「イーオア」という。

論理回路	MIL記号	JIS規格記号	日本語／英語表記	真理値表
NAND回路 AND回路の出力が反転したもの。すべての入力が1のときのみ出力が0になる。	A ─⊐D○─ X B ─	&	否定論理積 NAND	A B X 0 0 1 0 1 1 1 0 1 1 1 0
NOR回路 OR回路の出力が反転したもの。入力のいずれかが1のとき出力が0になる。	A ─⊐D○─ X B ─	≧1	否定論理和 NOR	A B X 0 0 1 0 1 0 1 0 0 1 1 0
XOR回路 入力の片方が1で，もう片方が0のときに出力が1になる特殊な回路。	A ─⊐D─ X B ─	=1	排他的論理和 XOR （EOR）	A B X 0 0 0 0 1 1 1 0 1 1 1 0

　問題では入力で扱う記号をA，Bとし出力をXとしているが，X，Yを入力としZを出力とする場合などもある。記号が覚えているものと異なっていても，左側にある記号が入力で右側にある記号が出力であることを押さえておこう。

考え方

この問題は，│ **カ** │の箇所に該当する論理回路のMIL記号を選ぶ問いである。

「トイレAとトイレBの両方が同時に使用中になると乗客の座席前にあるパネルのランプが点灯し，乗客にトイレが満室であることを知らせる。」という説明文より，AとBの2つの入力から1が入力されることで，出力Xに1が伝わることが理解できる。このような働きを行う回路は表1の真理値表より論理積回路であることがわかるので，│ **カ** │の正答は⓪（論理積回路）である。

補足

論理演算を数学的に表現する方法として，ベン図を用いて説明することもある。ベン図は，要素の集まりについて円を使って関係を示すことができる便利な図である。各論理回路による演算式をベン図で表したものは右の通り。着色している部分が出力値1を取ると解釈する。

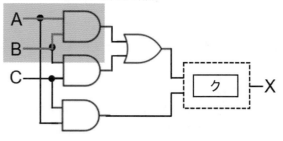

■問3 │ **キ** │の解説

 基礎知識

論理回路において，線が交わる部分に黒丸がある場合とない場合がある。黒丸がある場合は接合部分で回路がつながっている，ない場合は回路がつながっていない（交差部分）ことを押さえておこう。右の図は，トイレAとBの使用を論理積回路で判断している例である。

トイレAとBの使用を論理積回路で判断

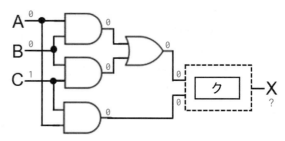

 考え方

いくつかのMIL記号を組み合わせて論理回路が提示される問題がよく出題される。このような場合，最終的な出力がどのような値になるか，右の図のように，入力から最終的な出力までの値の変化を0，1で書き込むことが確実な方法である。

しかし，この問題のように与えられた条件から出力されるはずのないパターンを解答群から見出すことで時間をかけずに解答することも可能である。まず，トイレの使用が1つであるにもかかわらずパネルのランプが点灯している場合は除外し，次にトイレを使用しているのが2つであるが，パネルのランプが消灯している解答があれば除外する。（次ページ）

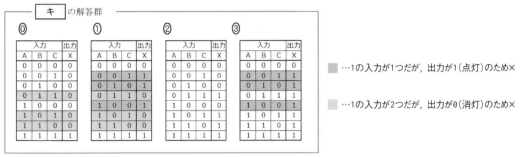

このように除外していくと，　キ　の正答は②となる。

念のため，最終的にパネルのランプが点灯する（出力値が1となる）パターンを図示する。

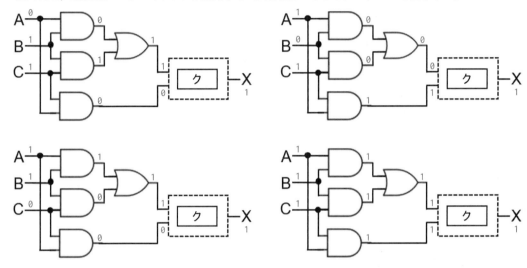

■問3　ク　の解説

考え方

論理記号を答える問題である。最終的にパネルのランプが点灯する（出力値が1となる）上述のパターンを見ると，どちらかの入力に1の値が入れば1を必ず出力する論理記号を探せばよい。

⓪は論理積回路，①は論理和回路である。論理積回路はすべての入力から1が入った場合にのみ出力が1となる。論理和回路はいずれかの入力から1が入れば出力が1となる。

②は論理積回路の右側に否定回路を接続した形状で，否定論理積回路であり，右のようなMIL記号と等価となる。

また，③は論理和回路の右側に否定回路を接続した形状で，否定論理和回路であり，右のようなMIL記号と等価となる。

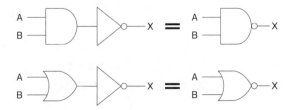

これらの回路では，出力値を最終的に反転させてしまうため解答としては適切でない。

④，⑤は下方にある否定回路が入力時の値を反転させてしまうため，正しい入力値とならないことがわかる。これらのことから，⓪か①が選択肢となる。2つの入力のどちらかに1の値が入れば1を必ず出力する論理記号　ク　は，真理値表の出力より，①（論理和回路）であるとわかる。

補足

それぞれのパターンを図解化すると以下のようになる。

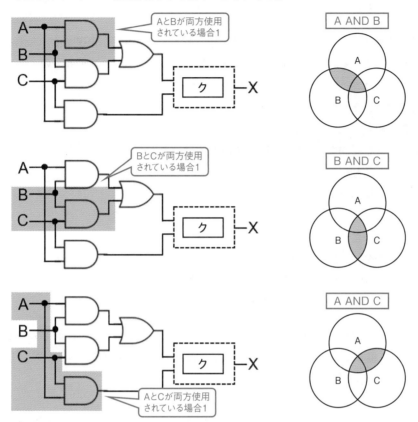

以下の箇所の論理和回路では，トイレBが使用されているか否かが出力され，　ク　に渡される。また，トイレA，Cの使用情報がもう一方から　ク　に入力されることで，全トイレの使用状況を把握できるようになっている。最終的に2つ以上のトイレの使用で，パネルへの点灯を決定している。

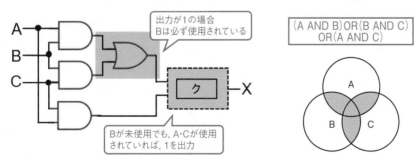

問4　次の文を読み，空欄　ケ　～　サ　に入れるのに最も適当なものを，後の解答群のうちから一つずつ選べ。ただし，空欄　コ　・　サ　は解答の順序は問わない。

　情報を整理して表現する方法として，アメリカのリチャード・Ｓ・ワーマンが提唱する「究極の５つの帽子掛け」というものがある。これによれば，情報は無限に存在するが，次の５つの基準で情報の整理・分類が可能という。

　　　　● Webサイトやアプリの設計ではよく使われる方法である。
　　　　　情報デザインの手法の一つとして知っておこう。

　　・場所・・・物理的な位置を基準にする

　　　　　　　例：都道府県の人口，大学のキャンパスマップ

　　・アルファベット・・・言語的な順番を基準にする（日本語なら五十音）

　　　　　　　例：辞書，電話帳

　　・時間・・・時刻の前後関係を基準にする

　　　　　　　例：歴史年表，スケジュール

　　・カテゴリー・・・物事の差異により区別された領域を基準にする

　　　　　　　例：生物の分類，図書館の本棚

　　・階層（連続量）・・・大小や高低など数量的な変化を基準にする

　　　　　　　例：重要度順のToDoリスト，ファイルサイズの大きい順

　この基準によれば，図4の「鉄道の路線図」は　ケ⓪　を基準にして整理されており，図5のある旅行会社のWebサイトで提供されている「温泉がある宿の満足度評価ランキング」は　コ③　と　サ④　を基準に整理・分類されていると考えられる。
　　　（順不同）

解説　p.123

─── ケ　～　サ　の解答群 ───

ケ⓪　場所　　　① アルファベット　　　② 時間　　コ③ カテゴリー　　　サ④ 階層（連続量）
　　　　　　　　　　　　　　　　　　　　　　　　　（順不同）

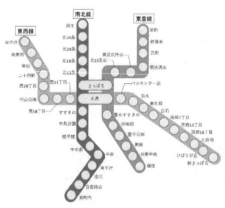

図4　鉄道の路線図

図5　温泉がある宿の満足度評価ランキング

解説

■問4 　ケ　～　サ　の解説

🖥 基礎知識

　情報を整理して表現する方法「究極の5つの帽子掛け」は，次のように英語表記の頭文字をとって LATCH とも呼ばれる。

・場所（**L**ocation）
・アルファベット（**A**lphabet）
・時間（**T**ime）
・分野（**C**ategory）
・階層（**H**ierarchy）

　この問題では，リチャード・S・ワーマンが提唱する「究極の5つの帽子掛け」の内容を解説しているが，あらかじめどのようなものか具体例も含めて覚えておくと解答時間が短縮できる。

（参考：5ハットラックス「5つの帽子掛け」https://uxdaystokyo.com/articles/glossary/five-hat-racks/）

💡 考え方

　　ケ　は，図4「鉄道の路線図」がLATCHのどの基準によって整理されているかを聞いている。鉄道の路線図は，物理的な停車駅（場所）の情報を元にして整理されているため，　ケ　の正答は⓪**場所**である。

　　コ　・　サ　は，図5「温泉がある宿の満足度評価ランキング」がLATCHのどの基準によって整理されているかを聞いている。示されているWebページは，まずホテル・旅館の種類でカテゴリー化され，さらに「温泉がある宿」の条件で区別している。また，総合評価によって順位づけされている情報であることから，評価が高いか低いかの数量的な変化を基準にしていることがわかる。よって，　コ　・　サ　の正答は③**カテゴリー**と④**階層（連続量）**である。（順不同）

第2問 次の問い（A・B）に答えよ。

A 次の太郎さんと先生の会話文を読み，問い（問1〜4）に答えよ。

太郎：二次元コード _{→ QR（Quick Response）コードのこと。二次元バーコードともいう。1994 年，株式会社デンソーウェーブが開発した技術。} って様々なところで使われていて，便利ですね。

太郎：二次元コード[→]って様々なところで使われていて，便利ですね。

> QR（Quick Response）コードのこと。二次元バーコードともいう。1994 年，株式会社デンソーウェーブが開発した技術。

先生：二次元コードといってもいろいろ種類があるけれど，日ごろよく目にするものは日本の企業が考えたんだよ。

太郎：すごい発明ですね。企業だから特許を取ったのでしょうか。

先生：もちろん。 ア③ 世の中で広く使われるようになったんだよ。

太郎：どのくらいの情報を入れられるのでしょうか。

先生：大きさにもよるけど，図1ぐらいの大きさであれば，数字なら187文字，英小文字なら78文字，記号や漢字なら48文字を入れられるよ。二次元コードの形状にはどんな特徴があるかな？

図1 二次元コードの例

太郎：黒白の小さな正方形で構成されていて，3か所の隅に二重の少し大きな正方形がありますね。

先生：黒白の小さな正方形はセルと言って，1と0に符号化されるんだよ。図1の二次元コードは縦×横が33×33のセルで構成されているけど，文字種や文字数などによってセルの縦と横の数が変わり，それにつれて二次元コードの大きさも変わるね。_A3か所の隅にある二重の少し大きな正方形は，読み取り機にこの二次元コードがあることを教えている位置検出の目印なんだ。[→]「切り出しシンボル（ファインダパターン）」とも呼ばれ，コードの位置を確実に知らせるために設けられたもの。

太郎：この二次元コードって一部を隠しても正しく読み取れるんですよね。

先生：_B誤り訂正機能だね。工場などでの製品管理でも使えるように，汚れや破損などで一部が読み取れなくても復元できるんだよ。読み取れない面積の割合によって復元できるレベルは4段階あるんだ。[→]誤り訂正機能の説明。使われる状況によって復元できるレベルを選択できる。レベルは，L（7%），M（15%），Q（25%），H（30%）の4段階。

太郎：すごい技術ですね。

先生：そうだね。自分でも二次元コードを作成できるから，いろいろ試してみたらどうかな。

問1　空欄　**ア**　に当てはまる文として最も適当なものを，次の⓪～③のうちから一つ選べ。

解説 p.130

⓪ そこで，使用料を高くすることでこの二次元コードの価値が上がったから

① しかし，その後特許権を放棄して誰でも特許が取れるようにしたから

② そして，特許権を行使して管理を厳密にしたから

○③ でも，特許権を保有していても権利を行使しないとしていたから

問2　下線部**A**の目印は，図2のように，例えば(a)～(c)のどの角度で読み取っても，黒白黒白黒の比が1:1:3:1:1となることで，二次元コードの目印として認識できるようになっている。これは，図3のように円形の目印でも同じと考えられるが，正方形の方が都合がよい。その理由として最も適当なものを，後の⓪～③のうちから一つ選べ。　**イ②**

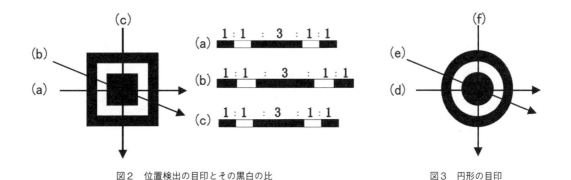

図2　位置検出の目印とその黒白の比　　　　　　　　図3　円形の目印

解説 p.131

⓪ 円形では，(d)～(f)の角度によって黒白の比が異なってしまい，正しく読み取れなくなる可能性があるから。

① 円形だと上下左右がないので，二次元コードの向きが分からなくなるから。

○② プリンタやディスプレイの解像度によっては，正方形の目印に比べて正しく読み取れる小さな円形の目印を作ることが難しくなるから。

（※「解像度」注記：画素の密度のこと。密度が高い（解像度が高い）ほど鮮明に見えるが，低いと粗く見える。）

③ 円形では目印が斜めに傾いていても，それを認識することができないため正しく読み取ることができないから。

● 無料で利用できるサイトが多くある。一度同じように作成してみよう。

問3 太郎さんは，先生から二次元コードを作成することができる図4のようなWebアプリケーションを教えてもらった。この二次元コード画像作成ツールは，二次元コード化する文字列とセルのサイズ（大きさ），誤り訂正のレベル（復元能力），画像ファイル形式を指定すると二次元コードの画像が作成できるものであった。

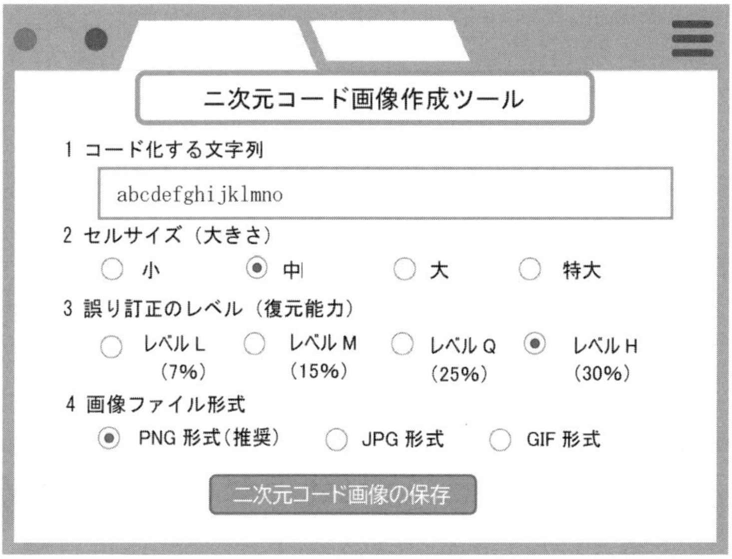

図4　二次元コード画像作成ツールの画面

　　下線部**B**について，興味を持った太郎さんは，この作成ツールを使い，二次元コード化する文字列の長さと誤り訂正のレベルによってどのようにセルの縦と横の数が変化するか調べることにした。そこで，試しに英小文字(a～z)で構成する文字列の文字数をいろいろ変えて二次元コードを作成したところ，表1のようになった。表中の$n \times n$はそれぞれセルの縦と横の数を表している。

　　なお，この作成ツールではセルの縦と横の数は自動的に最適な数に調整される。また，復元能力の値(％)が大きいほど誤りを訂正する能力が高いことを表し，例えば，復元能力30％は，二次元コードの面積の最大30％が読み取れなくてもデータを復元できることを意味する。

表1　英小文字のみで構成された文字列の文字数と復元能力を変えて作成した二次元コード

	15文字	20文字	30文字	40文字
復元能力7%	21×21	25×25	25×25	29×29
復元能力30%	29×29	29×29	33×33	37×37

　この表1の結果から考えられることとして適当なものを，次の⓪〜⑤のうちから二つ選べ。ただし，解答の順序は問わない。　ウ① ・ エ④
（順不同）

解説 p.132

⓪ 同じ復元能力であれば，文字数に比例してセルの数が多くなり，同じセルの大きさであれば二次元コードも大きくなる。

○① 復元能力ごとに，文字数の一定の範囲でセルの縦と横の数が決まり，文字数が多くなるほど段階的にセルの縦と横の数は多くなる。

② 文字数とセルの数には関係が見られない。

③ ある文字列を復元能力30％で作成した二次元コードは，同じ文字列を復元能力7％で作成したものに比べ約4倍のセルの数がある。

○④ 復元能力30％にするためには，復元能力7％と比べより多くの情報が必要となる。

⑤ 同じ文字数であれば復元能力を変えてもセルの数は変わらない。

問4　次に，太郎さんは，図4のWebアプリケーションを使って試しに表2のⅠ～Ⅲの三つの文字列について二次元コードを作成してみた。復元能力は7％と30％の両方を作成し，セルサイズもいろいろ変えてみたところ，表3に示す二次元コードが作成された。その結果，Ⅰ～Ⅲの文字列はアルファベットや記号，漢字などが含まれているので，表1の英小文字のみで構成された文字列の文字数とセルの縦と横の数の関係には必ずしもなっていないことが分かった。表3の空欄　オ　～　ク　に当てはまる適当な二次元コードを，後の解答群のうちから一つずつ選べ。

> 文字数，文字の種類が明らかに増えていることから，情報量も増えている。
> 文字数が増えるとセル数も増える傾向があることを思い出そう。

表2　二次元コードを作成した文字列

情報量：
少

Ⅰ	https://www.example.ne.jp/
Ⅱ	ＤＮＣ高等学校　https://www.example.ne.jp/
Ⅲ	ＤＮＣ高等学校　東京都目黒区駒場＊－＊＊－＊＊　https://www.example.ne.jp/

多

表3　Ⅰ～Ⅲの文字列から作成された二次元コード

Ⅰの二次元コード 復元能力7％ オ②	Ⅱの二次元コード 復元能力7％ 29×29	Ⅲの二次元コード 復元能力7％ カ⓪
Ⅰの二次元コード 復元能力30％ 33×33	Ⅱの二次元コード 復元能力30％ キ③	Ⅲの二次元コード 復元能力30％ ク①

> ⅠよりⅡ，ⅡよりⅢのほうが情報量が多い。
> つまり，左の二次元コードよりも右の二次元コードのほうが明らかにセル数が増えていると予想する。

情報量：　　　少　————————————————————→　多
セル数：　　　少　————————————————————→　多

解説 p.134

―― オ ～ ク の解答群 ――

カ⓪　　　33 × 33

ク①　　　49 × 49

オ②　　　25 × 25

キ③　　　37 × 37

2

問題分析

問題

Ⓒ

試作問題

解説

まずは動画で確認！

■問1 　ア　の解説

基礎知識

　二次元コードは，二次元バーコードまたはQRコードとも呼ばれる。もともとはPOSシステムで商品価格の入力を迅速に行う目的で一次元バーコードが利用されていた。一次元バーコードは情報量が少なく管理できる範囲に限界があったため，情報量を増やす目的で開発されたのが二次元コードである。

（参考：「QRコードの開発秘話」https://www.qrcode.com/history/）

　一次元コードは横方向（一次元）にしか情報をもたないが，二次元コードは縦と横の二次元に情報をもたせたものである。

バーコード（JAN）
9784469222715
情報をもつ
情報をもたない

二次元コード（QRコード）
情報をもつ
情報をもつ

（参考：「QRコードについて」https://www.rolan.co.jp/shouhin/s_qrcode.html）

　二次元コードの特徴としては，主に以下のようなものがある。

（参考：「QRコードとは？」https://www.qrcode.com/about/）

①大容量の情報を収納できる

　数字・英字・漢字・カタカナ・ひらがな・記号・バイナリ・制御コードなどを扱うことが可能で，数字のみの場合，最大7,089文字の情報を表現できる。

②汚れ・破損に強い

　コードが汚れたり破損したりしても，コード自身でデータを復元する機能「誤り訂正能力」をもつ。この能力は4段階用意されており，環境によってレベルを選択することができる。ただし，レベルを上げれば誤り訂正能力は向上するがデータが増えるため，コードのサイズは大きくなる。

③360°どの角度からでも読み取りできる

　切り出しシンボルによって，背景の模様に影響を受けずコードの領域と位置を迅速に判別できる。

考え方

　　ア　は，二次元コードが世の中で広く使われるようになった理由を聞いている。

　二次元コードの開発元である株式会社デンソーウェーブは，その仕様をオープン化し誰もが自由に使えるコードとしたことで，二次元コードが世界中に広まった。現在も特許は保有しているが，規格化された二次元コードに対して権利は行使しないとしている。よって，正解は③「**でも，特許権を保有していても権利を行使しないとしていたから**」である。

■問2　イ　の解説

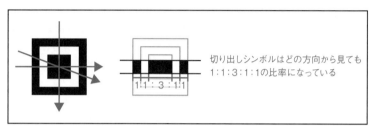

考え方

　イ　は，頭の中で白黒部分の比率と図形がイメージできるかがポイントとなる問題である。どの角度でも読み取りできるための黒白黒白黒の比が1:1:3:1:1となるような仕組みは，さまざまな種類の紙に印刷されている絵や文字をすべて白黒に直してその面積の比率を割り出し，一番使われていない面積の比率が1:1:3:1:1であったことを利用して，切り出しシンボルの白黒部分の幅の比率としたものである。
（参考：「QRコード開発ストーリー」　https://www.denso-wave.com/ja/technology/vol1.html）

切り出しシンボルはどの方向から見ても1:1:3:1:1の比率になっている

⓪ 円形では，(d)～(f)の角度によって黒白の比が異なってしまい，正しく読み取れなくなる可能性があるから。

→問題文中にもあるように，正方形でも円形でも黒白黒白黒の比率は同じであるとしていることから，円形の場合でも正しく読み取れなくなる可能性はない。よって不正解である。

① 円形だと上下左右がないので，二次元コードの向きが分からなくなるから。

→3つの切り出しシンボルの位置から，円形であっても上下左右は判断できるため，不正解である。

② プリンタやディスプレイの解像度によっては，正方形の目印に比べて正しく読み取れる小さな円形の目印を作ることが難しくなるから。

→画像のデジタル化の単元でも学ぶ内容だが，解像度とは，デジタル化された画像が「どれぐらいの細かさで画素（ピクセル）に分割されているか」の度合いである。細かいほど鮮明できれいに見えるが，解像度が低く画像が鮮明でない場合，円形の目印だと粗くなり読み取れなくなる可能性がある。この答えが正解である。

正方形に比べると，ギザギザが見える。解像度が低いとさらに粗くなる。

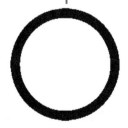

③ 円形では目印が斜めに傾いていても，それを認識することができないため正しく読み取ることができないから。

→円形だからといって，斜めに傾いていても正しく読み取れないことはない。よほど極端に傾いていた場合は，正方形であっても読み取ることは難しい。よって不正解である。

　よって，　イ　の正答は②である。

■問3 [ウ]・[エ] の解説

考え方

　無料で利用できる二次元コード生成サイトは多く，よく利用されている。この問題は，実際に異なる文字数と復元能力である誤り訂正機能の精度を変え，出力された二次元コードを比較する問題である。それぞれの選択肢の内容を，表1内にある二次元コードの画像と関連づけながら正確に読み取ることが重要となる。

⓪ 同じ復元能力であれば，文字数に比例してセルの数が多くなり，同じセルの大きさであれば二次元コードも大きくなる。

→同じ復元能力の二次元コードに着目する。ここでは，復元能力7%で比較すると，20文字から30文字にした場合でもセルの数は変わらない。また，同じセルの大きさにもかかわらず二次元コードは大きくなっていない。よって不正解となる。

比例して増えていない

① 復元能力ごとに，文字数の一定の範囲でセルの縦と横の数が決まり，文字数が多くなるほど段階的にセルの縦と横の数は多くなる。

→次のように比較すると，文字数の一定の範囲でセルの縦と横の数が決まっていることがわかる。また，文字数が多くなるにつれて段階的にセル数が多くなっていることから，この答えは正解である。

② 文字数とセルの数には関係が見られない。

→①の解説の通り，文字数が一定の範囲を超えるとセルの数も増えることから，関係性があるため，不正解である。

③ ある文字列を復元能力30%で作成した二次元コードは，同じ文字列を復元能力7%で作成したものに比べ約4倍のセルの数がある。

→各セル数を計算して比較すると，どのパターンでも約4倍になるセル数はない。せいぜいで約2倍程度である。よって不正解である。

④ 復元能力30%にするためには，復元能力7%と比べより多くの情報が必要となる。

→ どの文字数を見ても，復元能力7%に比べ復元能力30%のほうが明らかにセルの数が多い。つまり情報
　 量が増えていることになる。復元能力を上げるには多くの情報が必要となるため，正解である。

⑤ 同じ文字数であれば復元能力を変えてもセルの数は変わらない。

→ どの文字数を見ても，復元能力を変えた場合にセルの数が増えている。文字数が増えるとセル数も増える
　 傾向があることから，この答えは不正解である。

よって，　ウ　・　エ　の正答は①と④である。（順不同）

■問4 オ ～ ク の解説

💡 考え方

　問3の設問を正しく理解し解答できれば，問4は難しくない。Ⅰ・Ⅱ・Ⅲの情報量を比較すると，Ⅰから
Ⅲにいくにしたがって明らかに増えていることがわかる。問3より，入力した文字列から生成された二次元
コードについて整理すると，次のようになる。

復元能力ごとに，文字数の一定の範囲でセルの縦と横の数が決まり，
文字数が多くなるほど段階的にセルの縦と横の数は多くなる
→

復元能力 30% に
するためには，復
元能力 7% と比べ
より多くの情報が
必要となる。

Ⅰの二次元コード 復元能力 7%	Ⅱの二次元コード 復元能力 7% 29×29	Ⅲの二次元コード 復元能力 7%
オ		カ
Ⅰの二次元コード 復元能力 30% 33×33	Ⅱの二次元コード 復元能力 30%	Ⅲの二次元コード 復元能力 30%
	キ	ク

　 オ ～ ク のうち，答えがわかりやすいものから当てはめることで，効率よく解答できる。この中で
答えやすいのは， オ と ク である。

　オ の場合，Ⅱ・Ⅲの文字列と比較して文字数が少ない。また，復元能力7%と低いことから，最もセル数の少ない二次元コードが該当するため，②**25×25**が答えとなる。

　ク の場合，文字数が多く，復元能力も30%と高いことから，解答群の中で一番セル数の多い①**49×49**が当てはまることがわかる。

　キ は，Ⅰの二次元コードよりも情報量が多く，Ⅲの二次元コードよりも情報量は少ない。33×33よりセル数が多く，49×49よりセル数の少ない解答は，③**37×37**である。

　以上から，**カ** は，最後に残った解答である⓪**33×33**になることがわかる。

　解答欄と選択肢の数が同じ場合は，このようにわかりやすい箇所から当てはめていくことで時短につながる。

B　次の文章を読み，後の問い（**問1～3**）に答えよ。

　　Mさんのクラスでは，文化祭の期間中2日間の日程でクレープを販売することにした。1日目は，慣れないこともあり，客を待たせることが多かった。そこで，1日目が終わったところで，調理の手順を見直すなど改善した場合に，どのように待ち状況が変化するかシミュレーションすることにした。なお，このお店では同時に一人の客しか対応できないとし，客が注文できるクレープは一枚のみと考える。また，注文は前の客に商品を渡してから次の注文を聞くとして考える。

● 店側の対応時間として把握しておこう。

問1　次の文章および表中の空欄 ケ ～ シ に当てはまる数字をマークせよ。

解説 p.140

　　まず，Mさんは，1日目の記録を分析したところ，注文から商品を渡すまでの**一人の客への対応時間に約4分を要している**ことが分かった。

　　次に，クラスの記録係が1日目の来客時刻を記録していたので，最初の**50人の客**の到着間隔を調べたところ，表1の人数のようになった。この人数から相対度数を求め，その累積相対度数を確率とみなして考えてみた。また，到着間隔は一定の範囲をもとに集計しているため，各範囲に対して階級値で考えることにした。

● 総度数

表1　到着間隔と人数

● 到着間隔の時間（秒）と
階級値の時間（分）に注意。

到着間隔（秒）	人数	階級値	相対度数	累積相対度数
0 以上～ 30 未満	6	0分	0.12	0.12
30 以上～ 90 未満	7	1分	0.14	0.26
90 以上～150 未満	8	2分	0.16	0.42
150 以上～210 未満	11	3分	0.22	0.64
210 以上～270 未満	9	4分	0.18	0.82
270 以上～330 未満	4	5分	0.08	0.90
330 以上～390 未満	2	6分	0.04	0.94
390 以上～450 未満	0	7分	0.00	0.94
450 以上～510 未満	1	8分	0.02	0.96
510 以上～570 未満	2	9分	0.04	1.00
570 以上	0	－	－	－

【計算方法】
階級値＝（以上の値＋未満の値）÷2（秒÷60で単位計算）
相対度数＝各階級の人数（度数）÷人数の合計
累積相対度数＝各階級の累積度数÷全階級の度数の合計

　そして，表計算ソフトウェアで生成させた乱数（0以上1未満の数値が同じ確率で出現する一様乱数）を用いて試しに最初の10人の到着間隔を，この表1をもとに導き出したところ，次の表2のようになった。ここでの到着間隔は表1の階級値をもとにしている。なお，1人目は到着間隔0分とした。

　　　　　　　　　　　　　　　　　　　→ ケ を解くポイント。

表2　乱数から導き出した到着間隔

	生成させた乱数	到着間隔
1人目	―	0分
2人目	0.31	2分
3人目	0.66	4分
4人目	0.41	2分
5人目	0.11	0分
6人目	0.63	3分
7人目	0.43	3分
8人目	0.28	2分
9人目	0.55	3分
10人目	0.95	ケ8 分

　表2の結果から10人の客の待ち状況が分かるように，次の図1のように表してみることにした（図1は6人目まで記入）。ここで，待ち時間とは，並び始めてから直前の人の対応時間が終わるまでの時間であり，対応時間中の客は待っている人数に入れないとする。このとき，最も待ち人数が多いときは コ4 人であり（これを最大待ち人数という），客の中で最も待ち時間が長いのは サ1 シ3 分であった。

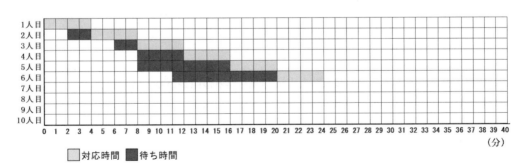

図1　シミュレーション結果（作成途中）

問2　図1の結果は，客が10人のときであったので，Mさんは，もっと多くの客が来た場合の待ち状況がどのようになるか知りたいと考えた。そこでMさんは，客が10人，20人，30人，40人来客した場合のシミュレーションをそれぞれ100回ずつ行ってみた。次の図2は，それぞれ100回のシミュレーションでの最大待ち人数の頻度を表したものである。

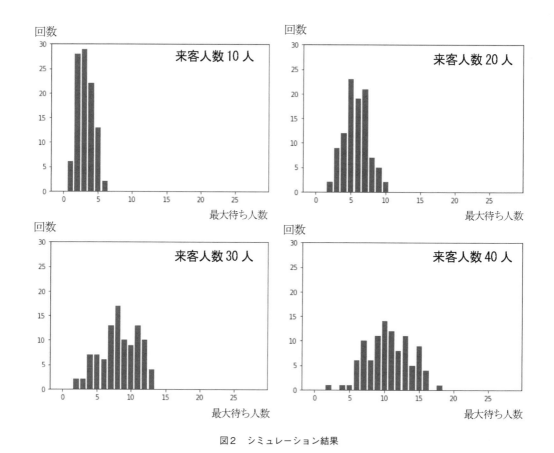

図2　シミュレーション結果

　この例の場合において，シミュレーション結果から**読み取れないこと**を次の⓪～③のうちから一つ選べ。　ス①

解説 ▷ p.142

　⓪ 来客人数が多くなるほど，最大待ち人数が多くなる傾向がある。

○① 最大待ち人数の分布は，来客人数の半数以下に収まっている。

　② 最大待ち人数は，来客人数の1/4前後の人数の頻度が高くなっている。

　③ 来客人数が多くなるほど，最大待ち人数の散らばりが大きくなっている。

問3　1日目の午前中の来客人数は39人で，記録によれば一番長く列ができたときで10人の待ちがあったことから，Mさんは，図2の「来客人数40人」の結果が1日目の午前中の状況をおおよそ再現していると考えた。そこで，調理の手順を見直すことで一人の客への対応時間を4分から3分に短縮できたら，図2の「来客人数40人」の結果がどのように変化するか同じ乱数列を用いて試してみた。その結果を表すグラフとして最も適当なものを，次の⓪〜③のうちから一つ選べ。　**セ**⓪

解説　p.143

○ ⓪

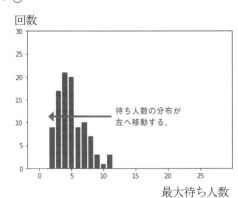

①

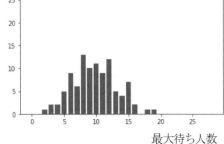

②

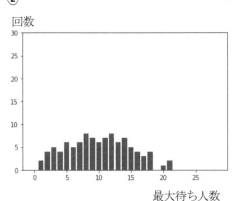

③

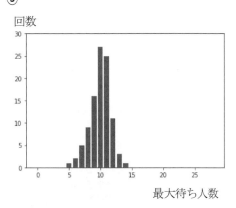

■問1 ［ケ］の解説

考え方

生成させた乱数と到着間隔の関係をどのように読み解くかがポイントになる。到着間隔は階級値をもとにしているから，2人目の到着間隔である2分の階級値を見ると累積相対度数は0.42となっている。生成させた乱数は0.31で前の階級値との間の値をとっていることがわかる。このことから，乱数による値は累積相対度数と関連づけられる。値を整理すると，次のようになっていることがわかる。

表1　到着間隔と人数

到着間隔（秒）	人数	階級値	相対度数	累積相対度数
0 以上～ 30 未満	6	0 分	0.12	0.12
30 以上～ 90 未満	7	1 分	0.14	0.26
90 以上～150 未満	8	2 分	0.16	0.42
150 以上～210 未満	11	3 分	0.22	0.64
210 以上～270 未満	9	4 分	0.18	0.82
270 以上～330 未満	4	5 分	0.08	0.90
330 以上～390 未満	2	6 分	0.04	0.94
390 以上～450 未満	0	7 分	0.00	0.94
450 以上～510 未満	1	8 分	0.02	0.96
510 以上～570 未満	2	9 分	0.04	1.00
570 以上	0	–	–	–

表2　乱数から導き出した到着間隔

	生成させた乱数	到着間隔
1人目	–	0 分
2人目	0.31	2 分
3人目	0.66	4 分
4人目	0.41	2 分
5人目	0.11	0 分
6人目	0.63	3 分
7人目	0.43	3 分
8人目	0.28	2 分
9人目	0.55	3 分
10人目	0.95	［ケ］分

※1人目の到着間隔を除く

到着間隔（0分）：0.11 　　　　　　　　 階級値0分未満

到着間隔（2分）：0.31，0.41，0.28 　　 階級値1分～2分の間

到着間隔（3分）：0.63，0.43，0.55 　　 階級値2分～3分の間

到着間隔（4分）：0.66 　　　　　　　　 階級値3分～4分の間

このことから，10人目の0.95の値を累積相対度数から見ると，階級値7分～8分の間をとることから，［ケ］の答えは⑧となる。

■問1 ［コ］～［シ］の解説

考え方

この問題は，表2の到着間隔を確認しながら実際に待ち行列のシミュレーション図を作ることによって答えを導くことができる。

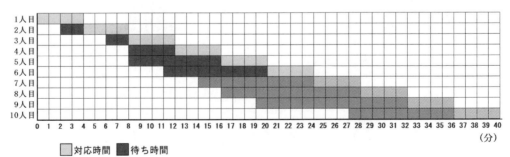

- ·1人目（到着間隔0分）

待ち行列なしで4分後にクレープを受け取る。

- ·2人目（到着間隔2分）

1人目到着後，2分後に到着，1人目の対応での2分待ち，4分後（0分より8分後）にクレープを受け取る。

- **3人目**（到着間隔4分）

2人目到着後，4分後に到着，2人目の対応での2分待ち，4分後（0分より12分後）にクレープを受け取る。

- **4人目**（到着間隔2分）

3人目到着後，2分後に到着，3人目の対応での4分待ち，4分後（0分より16分後）にクレープを受け取る。

- **5人目**（到着間隔0分）

4人目到着後ほぼ同時に到着，3人目の対応での4分，4人目の対応での4分待ち（計8分），4分後（0分より20分後）にクレープを受け取る。

- **6人目**（到着間隔3分）

5人目到着後，3分後に到着，3人目の対応での1分，4人目の対応での4分，5人目の対応での4分待ち（計9分），4分後（0分より24分後）にクレープを受け取る。

- **7人目**（到着間隔3分）

6人目到着後，3分後に到着，4人目の対応での2分と，5人目の対応での4分，6人目の対応での4分待ち（計10分），4分後（0分より28分後）にクレープを受け取る。

- **8人目**（到着間隔2分）

7人目到着後，2分後に到着，5人目の対応での4分と，6人目の対応での4分，7人目の対応での4分待ち（計12分），4分後（0分より32分後）にクレープを受け取る。

- **9人目**（到着間隔3分）

8人目到着後，3分後に到着，5人目の対応での1分と，6人目の対応での4分，7人目の対応での4分，8人目の対応での4分待ち（計13分），4分後（0分より36分後）にクレープを受け取る。

- **10人目**（到着間隔8分）　←　ケ　より

9人目到着後，8分後に到着，7人目の対応での1分と，8人目の対応での4分，9人目の対応での4分待ち（計9分），4分後（0分より40分後）にクレープを受け取る。

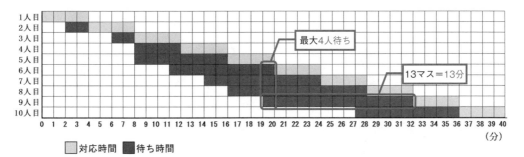

作成したシミュレーションより，対応時間中の客は待ち人数に入れないとすると，最も待ち人数が多いのは，19〜20分の濃いグレーのマス，縦4個分となる。つまり4人が最大の待ち人数で，　コ　の解答は④である。

また，客の中で最も待ち時間が長いのは，9人めの濃いグレーのマス，横13個分となる。つまり待ち時間13分で，　サ　は①，　シ　は③が解答となる。

■問2 │ ス │ の解説

考え方

　この問題は，シミュレーション結果から「**読み取れないこと**」が問われている点に注意が必要である。

⓪ 来客人数が多くなるほど，最大待ち人数が多くなる傾向がある。

→グラフは以下のようになっており，正しく読み取れている。

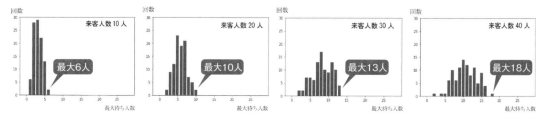

① 最大待ち人数の分布は，来客人数の半数以下に収まっている。

→来客人数10人のときのみ，最大待ち人数が6人と唯一半数以下ではなく，正しく読み取れていない。

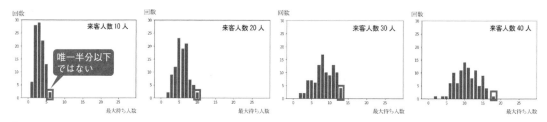

② 最大待ち人数は，来客人数の1/4前後の人数の頻度が高くなっている。

→来客人数10人では2～3人前後（10÷4＝2.5），来客人数20人では5人前後（20÷4＝5），来客人数30人では7～8人前後（30÷4＝7.5），来客人数40人では10人前後（40÷4＝10）のあたりの分布が高くなっており，正しく読み取れている。

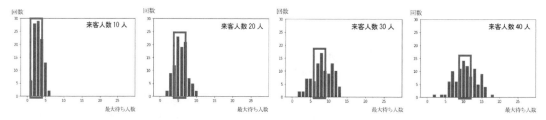

③ 来客人数が多くなるほど，最大待ち人数の散らばりが大きくなっている。

→グラフより，来客人数が増えるほど最大待ち人数の赤枠部分の幅が広がっていることが正しく読み取れる。つまり，散らばりが大きくなっているといえる。

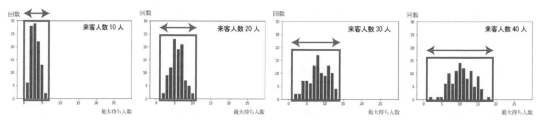

　よって，「**読み取れないこと**」を選ぶ │ ス │ の正答は①である。

■問3 　セ　 の解説

考え方

「調理の手順を見直すことで一人の客への対応時間を 4 分から 3 分に短縮」すると言っているため，対応時間が 1 分短くなり，待ち人数も減ると予想できる。図 2 のシミュレーション結果と比較しながら観察すると，

⓪は最大待ち人数の最頻値が減っており，左に分布が移動しているので，予想と一致している。

①は図 2 のシミュレーション分布とほとんど変化がない。さらに，①も②も最大待ち人数の最大値がそれぞれ 19 人，21 人と，図 2 の最大値 18 人よりも増えているため，正解ではない。

③は，最大待ち人数の最頻値が元のシミュレーション分布と同じ 10 人と変わっていないため，これも誤りである。

よって，　セ　 の正答は⓪のグラフとなる。

第3問　次の問い（問1〜3）に答えよ。

問1　次の生徒（S）と先生（T）の会話文を読み，空欄　ア　に当てはまる数字をマークせよ。また，空欄　イ　〜　エ　に入れるのに最も適当なものを，後の解答群のうちから一つずつ選べ。ただし，空欄　ウ　・　エ　は解答の順序は問わない。

解説　p.150

S：この前，お客さんが460円の商品を買うのに，510円を払って，釣り銭を50円受け取っていたのを見て，授業で勉強したプログラミングで，そんな「上手な払い方」を計算するプログラムを作ってみたいと思いました。

T：いいですね。まず，「上手な払い方」とは何かを考える必要がありますね。

S：普通は手持ちの硬貨の枚数を少なくするような払い方でしょうか。

T：そうですね。ただ，ここでは，客が支払う枚数と釣り銭を受け取る枚数の合計を最小にする払い方を考えてみませんか？　客も店も十分な枚数の硬貨を持っていると仮定しましょう。また，計算を簡単にするために，100円以下の買い物とし，使う硬貨は1円玉，5円玉，10円玉，50円玉，100円玉のみで500円玉は使わない場合を考えてみましょう。例えば，46円をちょうど支払う場合，支払う枚数はどうなりますか？　┗▶前提条件をしっかりと把握する。

S：46円を支払うには，10円玉4枚，5円玉1枚，1円玉1枚という6枚で払い方が最小の枚数になります。
　　　　　　　⑩⑩⑩⑩⑤①　計6枚

T：そうですね。一方，同じ46円を支払うのに，51円を支払って釣り銭5円を受け取る払い方では，支払いに2枚，釣り銭に1枚で，合計3枚の硬貨のやり取りになります。こうすると交換する硬貨の枚数の合計が最小になりますね。
　　支払い ㊿①　計2枚 ⎫
　　釣銭　　⑤　　計1枚 ⎭ 計3枚

S：これが上手な払い方ですね。　┗▶作りたいプログラムの内容についてまとめていることを読み取る。

T：そうです。このように，客と店が交換する硬貨の合計が最小となる枚数，すなわち「最小交換硬貨枚数」の計算を考えましょう。

S：どうやって考えればいいかなぁ。

T：ここでは，次の関数のプログラムを作り，それを使う方法を考えてみましょう。目標の金額を釣り銭無くちょうど支払うために必要な最小の硬貨枚数を求める関数です。

【関数の説明と例】

> **枚数**（金額）…引数として「金額」が与えられ，ちょうどその金額となる硬貨の組合せの中で，枚数が最小となる硬貨枚数が戻り値となる関数。
>
> 例：8円は「5円玉が1枚と1円玉が3枚」の組合せで最小の硬貨枚数になるので，**枚数**(8)の値は4となる。
>
> 　　┗▶引数　┗▶戻り値

T：これは，例えば，**枚数**(46) = ア⑥ と計算してくれるような関数です。これを使って最小交換硬貨枚数の計算を考えてみましょう。例えば，46円支払うのに，51円払って5円の釣り銭を受け取る払い方をした場合，客と店の間で交換される硬貨枚数の合計は，この関数を使うと，どのように計算できますか？

> 客が支払った枚数のみではなく，
> 店側が釣銭として返した枚数も対象。

S：イ⓪ で求められますね。

T：一般に，商品の価格 x 円に対して釣り銭 y 円を0，1，2，…と変化させて，それぞれの場合に必要な硬貨の枚数の合計を

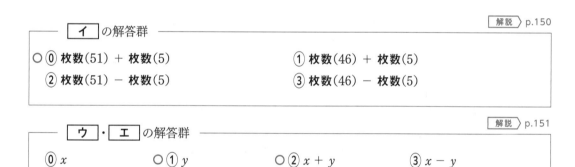

枚数(ウ②) + **枚数**(エ①)
(順不同)

> この問題を解く重要なポイント。
> しっかりと読むこと。

と計算し，一番小さな値を最小交換硬貨枚数とすればよいのです。

S：なるほど。それで，釣り銭 y はいくらまで調べればよいでしょうか？

T：面白い数学パズルですね。まあ，詳しくは今度考えるとして，今回は100円以下の商品なので y は99まで調べれば十分でしょう。

イ の解答群　　　　　　　　　　　　　　　　　　　解説 〉p.150

○⓪ **枚数**(51) + **枚数**(5)　　　　　① **枚数**(46) + **枚数**(5)

② **枚数**(51) − **枚数**(5)　　　　　③ **枚数**(46) − **枚数**(5)

ウ ・ エ の解答群　　　　　　　　　　　　　　　　解説 〉p.151

⓪ x　　　　　　○① y　　　　　　○② $x + y$　　　　　③ $x - y$

問2　次の文章の空欄　オ　～　コ　に入れるのに最も適当なものを，後の解答群のうちから一つずつ選べ。

Point 1 プログラミングで用いられる金種計算のアルゴリズムでは，設定された硬貨の種類のうち高額の硬貨から何枚必要かを計算していくのが定番である。

S：まずは，関数「**枚数(金額)**」のプログラムを作るために，与えられた金額ちょうどになる最小の硬貨枚数を計算するプログラムを考えてみます。もう少しヒントが欲しいなぁ。

T：金額に対して，高額の硬貨から使うように考えて枚数と残金を計算していくとよいでしょう。また，金額に対して，ある額の硬貨が何枚まで使えて，残金がいくらになるかを計算するには，整数値の商を求める演算『÷』とその余りを求める演算『％』が使えるでしょう。例えば，46円に対して10円玉が何枚まで使えるかは　オ②　で，その際にいくら残るかは　カ③　で求めることができますね。

● 重要！　金種計算アルゴリズムの定番となる計算方法である。

S：なるほど！　あとは自分でできそうです。

　Sさんは，先生（T）との会話からヒントを得て，変数 kingaku に与えられた目標の金額（100円以下）に対し，その金額ちょうどになる最小の硬貨枚数を計算するプログラムを考えてみた（図1）。ここでは例として目標の金額を46円としている。

● 重要！　添え字の開始番号を覚えておく。

　配列 Kouka に硬貨の額を低い順に設定している。なお，配列の添字は0から始まるものとする。最低額の硬貨が1円玉なので Kouka[0] の値は1となる。

Point 2 プログラムの説明である。よく把握しておこう。

　先生（T）のヒントに従い，高額の硬貨から何枚まで使えるかを計算する方針で，(4)～(6)行目のような繰返し文にした。この繰返しで，変数 maisu に支払いに使う硬貨の枚数の合計が計算され，変数 nokori に残りいくら支払えばよいか，という残金が計算される。

　実行してみると　ア⑥　が表示されたので，正しく計算できていることが分かる。いろいろな例で試してみたが，すべて正しく計算できていることを確認できた。

```
(1) Kouka = [1,5,10,50,100]

(2) kingaku = 46

(3) maisu = 0, nokori = kingaku

(4) i を  キ① ながら繰り返す:

(5) | maisu =  ク① +  ケ⓪

(6) └ nokori =  コ①

(7) 表示する(maisu)
```

ケ ・ コ の解答群に使われていることに注意。

図1　目標の金額ちょうどになる最小の硬貨枚数を計算するプログラム

オ ・ カ の解答群 解説 ▶ p.152

⓪ 46 ÷ 10 ＋ 1 　　　　　　① 46 % 10 － 1

オ② 46 ÷ 10 　　　　　　カ③ 46 % 10

キ の解答群 解説 ▶ p.152

⓪ 5から1まで1ずつ減らし　　●① 4から0まで1ずつ減らし

② 0から4まで1ずつ増やし　　③ 1から5まで1ずつ増やし

ク の解答群 解説 ▶ p.153

⓪ 1　　　　　●① maisu　　　　　② i　　　　　③ nokori

ケ ・ コ の解答群 解説 ▶ p.153

ケ⓪ nokori ÷ Kouka[i]　　　　コ① nokori % Kouka[i]

② maisu ÷ Kouka[i]　　　　③ maisu % Kouka[i]

問3　次の文章を参考に，図2のプログラムの空欄 サ ～ タ に入れるのに最も適当なもの

を，後の解答群のうちから一つずつ選べ。ただし，空欄 ス ・ セ は解答の順序は問わな

い。

　●→問1の関数が出てきていることに注意。

T：プログラム（図1）ができたようですね。それを使えば，関数「**枚数**（金額）」のプログラムが

できます。関数の引数として与えられる金額の値をプログラム（図1）の変数 kingaku に設

定し，(7) 行目の代わりに変数 maisu の値を関数の戻り値とすれば，関数「**枚数**（金額）」の

プログラムとなります。では，その関数を使って最小交換硬貨枚数を計算するプログラムを作っ

てみましょう。ここでも，100 円以下の買い物として考えてみます。

【関数の説明】（再掲）

> **枚数**（金額）…引数として「金額」が与えられ，ちょうどその金額となる硬貨の組合せの中
> で，枚数が最小となる硬貨枚数が戻り値となる関数。

　Sさんは，図2のようなプログラムを作成した。変数 kakaku に与えられる商品の価格に対し

て，釣り銭を表す変数 tsuri を用意し，妥当な tsuri のすべての値に対して交換する硬貨の枚数

を調べ，その最小値を求めるプログラムである。なお，ここでは例として商品の価格を 46 円とし

　　　　　　　　　　　　　　　　　　　　　　　　　●→プログラムの説明である。

ている。　　　　　　　　　　　　　　　　　　　　　●→よく把握しておこう。

　このプログラムでは，先生（T）のアドバイスに従い，釣り銭無しの場合も含め，99 円までの

すべての釣り銭に対し，その釣り銭になるように支払う場合に交換される硬貨の枚数を求め，その

最小値を最小交換硬貨枚数として計算している。

　最小値の計算では，これまでの払い方での最小枚数を変数 min_maisu に記憶しておき，それよ

り少ない枚数の払い方が出るたびに更新している。 min_maisu の初期値には，十分に大きな値と

して 100 を用いている。100 円以下の買い物では，使う硬貨の枚数は 100 枚を超えないからであ

る。

　　　　　　Point　最小値を求めるプログラムでは，あらかじめ値のとる範囲が分かっている場合に，
　　　　　　3　　　範囲における最大値を初期値として設定する。反対に最大値を求める場合では，
　　　　　　　　　　範囲の中で一番最小値を設定することが多い（整数値のとき多くは 0 を設定）。

```
(1) kakaku = 46
(2) min_maisu = 100
(3)   サ③  を  シ⓪  から99まで1ずつ増やしながら繰り返す:
(4) | shiharai = kakaku + tsuri
(5) | maisu =  ス⓪  +  セ②
                    (順不同)
(6) | もし  ソ⓪  < min_maisu ならば:
(7) └└  タ①  =  ソ⓪
(8) 表示する(min_maisu)
```

図2　最小交換硬貨枚数を求めるプログラム

　このプログラムを実行してみたところ3が表示された。46円を支払うときの最小交換硬貨枚数は，支払いで50円玉が1枚，1円玉が1枚，釣り銭で5円玉が1枚の計3枚なので，正しく計算できていることが分かる。同様に，kakakuの値をいろいろと変えて実行してみたところ，すべて正しく計算できていることを確認できた。

解説 p.154, p.155
── サ , ソ・タ の解答群 ──

ソ⓪ maisu　　　　　タ① min_maisu　　　② shiharai　　　サ③ tsuri

解説 p.154
── シ の解答群 ──

○⓪ 0　　　　　　　① 1　　　　　　　② 99　　　　　　　③ 100

解説 p.154
── ス・セ の解答群 ──

○⓪ 枚数(shiharai)　　　① 枚数(kakaku)　　　○② 枚数(tsuri)

③ shiharai　　　　　④ kakaku　　　　　⑤ tsuri

 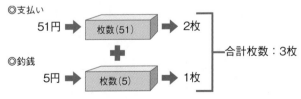

■問1 ［ ア ］の解説

基礎知識

関数の概念とプログラム内での利用について復習しておこう。(→p.99)

考え方

使用できる小銭を限定し，客と店側の間でやり取りされる枚数をいかに最小限にできるかを考えるプログラムの問題である。プログラムの条件を整理すると，次のようになる。

【条件】
①客も店も十分な枚数の硬貨を持っている
②100円以下の買い物である
③使える硬貨は1円玉，5円玉，10円玉，50円玉，100円玉のみで500円玉は使わない
④プログラムは，購入金額を「引数」とし，最小となる硬貨枚数を「戻り値」となる関数として作る

関数の枚数に引数として46円を渡した場合の最小となる硬貨の枚数を求める問題である。ちょうど46円となる最小の硬貨の組み合わせを考えればよいので，10円玉4枚，5円玉1枚，1円玉1枚の合計6枚となり，［ ア ］の正答は⑥である。

46円 ➡ 枚数(46) ➡ 6枚

問題文中にもすでに提示されている内容なので，よく読んでいれば容易に解答できる。

■問1 ［ イ ］の解説

考え方

46円支払うのに，戻ってくる枚数を最小になることを見越して枚数(51)として渡した場合，戻ってくる硬貨の枚数について問うものである。この内容についても，先生（T）の会話の中に「同じ46円を支払うのに，51円を支払って釣り銭5円を受け取る払い方では，支払いに2枚，釣り銭に1枚で，合計3枚の硬貨のやり取りになります。」とあるので，このことをもとに答えを導き出せばよい。ポイントは，<u>客と店の間で交換される硬貨枚数の合計</u>であることに着目することである。解答の選択肢には「**関数(金額)**」の形で示されているが，イメージとしては以下のように考えればわかりやすい。

◎支払い
51円 ➡ 枚数(51) ➡ 2枚
＋
◎釣銭
5円 ➡ 枚数(5) ➡ 1枚
┐合計枚数：3枚

①③は，**枚数**(46)としているため，前提条件の「**枚数**(51)として渡した場合」を満たしておらず，最初に除外できる。②は，客と店の間で交換される硬貨枚数の合計を求める計算とは一致しないため不正解で，［ イ ］の正答は⓪**枚数**(51)**+枚数**(5)となる。

■問1 　ウ 　・　 エ 　の解説

考え方

　 ウ 　・　 エ 　は， イ 　で求めた具体例を一般化するとどのような式で表せるかを問う問題である。

　先生（T）の会話「商品の価格 x 円に対して釣り銭 y 円を 0， 1， 2， …と変化させて，それぞれの場合に必要な硬貨の枚数の合計を**枚数（ ウ ）+枚数（ エ ）**と計算し，一番小さな値を最小交換硬貨枚数とすればよい」については，先の46円の商品を買う場合に51円を支払い，釣り銭が5円になる例を図にして考えると答えが導き出せる。

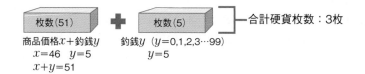

枚数(51) ＋ 枚数(5) ──合計硬貨枚数：3枚

商品価格 x +釣銭 y 　　釣銭 y （ y=0,1,2,3…99）
x=46　y=5　　　　　　　y=5
$x+y$=51

　このことから， 　ウ 　・　 エ 　の答えは②x+yと①yが該当する。（順不同）

解　説

■問2 オ ・ カ の解説 ＼＼＼＼＼＼＼＼＼＼＼＼＼＼＼＼＼＼＼＼＼＼＼＼＼

考え方

　いわゆる金種計算のプログラムの内容を埋めていく問題である。金種計算とは，与えられた金額に必要となるお札や硬貨の数を数える計算のことである。今回の問題では100円以下の金額が対象となっているので，使えるのは，100円，50円，10円，5円，1円硬貨となる。

　先生（T）の会話に「金額に対して，ある額の硬貨が何枚まで使えて，残金がいくらになるかを計算するには，整数値の商を求める演算『÷』とその余りを求める演算『%』が使えるでしょう。」とあるが，これはプログラミングを行う上では定番となる考え方で，しっかりと覚えておくことが大切である。

　続いて，「例えば，46円に対して10円玉が何枚まで使えるかは オ で，その際にいくら残るかは カ で求めることができますね。」とある。46円では，10円玉は4枚（40円）必要となり，枚数を求めた後の残金は6円ということになる。この計算は，先生のヒントにあるように次のように計算することができる。

　　　　46÷10＝4余り6　　…商が枚数　　　　46%10＝6　　　　…余りが残金

　よって，オ は②46÷10，カ は③46%10が正解である。

■問2 キ の解説 ＼＼＼＼＼＼＼＼＼＼＼＼＼＼＼＼＼＼＼＼＼＼＼＼＼＼＼

考え方

　プログラムについて(1)行目から順に見ると，(4)行目から(6)行目までは枚数を数える処理と残金を計算する処理を繰り返している部分であることがわかる。

(1) Kouka=[1,5,10,50,100]	←配列Koukaへ硬貨の値を保存	
(2) kingaku=46	←kingakuに46を代入	
(3) maisu=0, nokori=kingaku	←maisuに0を設定，nokoriにkingakuの値を代入	
(4) iを キ ながら繰り返す	←iの値を変えながら繰り返す	
(5) 　│maisu= ク + ケ	←maisuに計算結果を代入	
(6) 　└nokori= コ	←nokoriに値を代入	
(7) 表示する(maisu)		

(1)行目では，配列Koukaにそれぞれ硬貨の種類を保存している。イメージにすると次のようになる。

配列 Kouka					
[0]	[1]	[2]	[3]	[4]	…添字
1	5	10	50	100	…硬貨の種類

　先生（T）の会話の中に「金額に対して，高額の硬貨から使うように考えて枚数と残金を計算していく」とある。ここで，硬貨が一番高額なのは100円である。つまり，100が保存されている配列から順番に参照し計算する処理が必要となる。100が保存されている配列の添字は[4]であるため，初めの値は4が該当する。また，次の計算を行う場合は50円硬貨の計算を行うので，配列Kouka[3]を参照しなければならない。すなわち，硬貨を高額のものから順に参照する場合は，添字の値が1つずつ減っていくことになる。まとめると，iは添字の値を変化させるための変数であり，初期値は4で，0になるまで1ずつ減らす処理が必要となる。よって，キ に該当するのは①「4から0まで1ずつ減らし」になる。

■問2 ク ～ コ の解説

考え方

　 ク ・ ケ を見ると，maisuに ク ＋ ケ の計算結果を代入しているので，硬貨の枚数を計算していることが読み取れる。また，最後にmaisuの内容を結果として出力しているので，maisuには最終的に硬貨の合計枚数が保存されていなければならないことがわかる。繰り返し処理の中で合計を計算する場合には，次のような定番の書き方がある。

　　合計を保存する変数 ＝ 合計を保存する変数 ＋ 加算する値

同じ「合計を保存する変数」を使って，合計に新たに加算する値を足し，さらに左辺にある同じ変数へ代入（「＝」は値を代入するという意味）する方法である。このようにすることで，計算した結果を新たな合計で上書きできる。この方法で考えると， ク の正答は①maisuになる。

　 ケ は，maisuに加算していく値になるため，硬貨の枚数を求める必要がある。枚数を計算する方法は， オ の解説にもあるように「46÷10＝4余り6」になるので，この計算の結果となる4を保存する変数が該当する ケ の正答は⓪nokori ÷ Kouka[i]となる。

　 コ については，問題文に「変数nokoriに残りいくら支払えばよいか，という残金が計算される。」とあるので，(6)行目でnokoriを利用して残金を計算していると考察できる。残金を計算する方法は， カ で解説した通り「46%10=6」になるものを選べばよい。nokoriには，繰り返し処理の間，残金が保存されていなければならないので，合計の処理方法と同じように考えればよい。

　　残金を保存する変数(nokori)=残金を保存する変数(nokori)％硬貨の種類(Kouka[i])

このことから， コ の正答は①nokori % Kouka[i]となる。

　また，流れ図およびトレース（実際に値の流れを見る）の表にすると次のようになる。

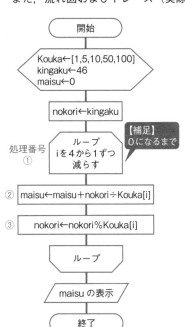

処理番号	i の値	nokori	Kouka[i]	maisu
①	4	46	100	0
②	4	46	100	0
③	4	46	100	0
①	3	46	50	0
②	3	46	50	0
③	3	46	50	0
①	2	46	10	0
②	2	46	10	4
③	2	6	10	4
①	1	6	5	4
②	1	6	5	5
③	1	1	5	5
①	0	1	1	5
②	0	1	1	5
③	0	0	1	6
出力				6

ループの中を繰り返しながら各変数の値の変化を見る

■問3　サ・シ の解説

考え方

問3は，先の問2のプログラムを関数化し，新たに作るプログラムから呼び出して処理することで，支払う硬貨の枚数を最小にしようという問題である。問1の内容を振り返りながら解いていくとよい。

図2のプログラムの(3)行目「 サ を シ から99まで1ずつ増やしながら繰り返す」は，繰り返し処理における条件部分であるので， サ は変数名， シ は初期値であると読み取れる。問題文の中には2つヒントがあり，1つめの

「変数kakakuに与えられる商品の価格に対して，釣り銭を表す変数tsuriを用意し，妥当なtsuriのすべての値に対して交換する硬貨の枚数を調べ，その最小値を求めるプログラムである」

では，変数tsuriは値が少しずつ変化することが推測できる。また，2つめの

「釣り銭無しの場合も含め，99円までのすべての釣り銭に対し，その釣り銭になるように支払う場合に交換される硬貨の枚数を求め」

より，釣り銭無しは0円のことであると考えると，0円から99円まですべての釣り銭に対し処理を行っていると考えるのが妥当である。よって， サ は③tsuri， シ は⓪0が正解となる。

■問3　ス・セ の解説

考え方

(4)行目でshiharai=kakaku+tsuriを処理した後，(5)行目で硬貨の枚数を求める問題である。ここで，問1の会話文を思い出すことがポイントとなる。(「問題」p.145参照)

会話文より，(4)行目のshiharai=kakaku+tsuriは問1の$x + y$の計算を行っていることになり，shiharaiは，その結果を保存している変数であることがわかる。また，yは釣り銭であったことから，変数tsuriを使っていることは容易にわかる。ここで，次の部分を一緒に見ると具体的な処理が見えてくる。

「関数の引数として与えられる金額の値をプログラム（図1）の変数kingakuに設定し，(7)行目の代わりに変数maisuの値を関数の戻り値とすれば，関数「枚数（金額）」のプログラムとなります」

```
(1) Kouka = [1,5,10,50,100]
(2) kingaku = 46            ← kingaku に shiharai を返す
(3) maisu = 0, nokori = kingaku
(4) i を  キ  ながら繰り返す：
(5) │ maisu =  ク + ケ
(6) └ nokori =  コ
(7) 表示する(maisu)          ← maisu を返す
```
図1　目標の金額ちょうどになる最小の硬貨枚数を計算するプログラム

```
(1) kakaku = 46
(2) min_maisu = 100
(3)  サ  を  シ  から99まで1ずつ増やしながら繰り返す：
(4) │ shiharai = kakaku + tsuri
(5) │ maisu =  ス + セ      ← maisu に硬貨の合計枚数が計算される
(6) │ もし  ソ < min_maisu ならば：
(7) └└  タ  =  ソ
(8) 表示する(min_maisu)
```
図2　最小交換硬貨枚数を求めるプログラム

よって， ス・セ は⓪枚数(shiharai)と②枚数(tsuri)になる。(順不同)

■問3 　ソ　・　タ　の解説

考え方

　図2の(6)～(7)行目は条件によって処理を行う「条件分岐」で，「問題」p.148に，

　　　「最小値の計算では，これまでの払い方での最小枚数を変数min_maisuに記憶しておき，それより少
　　ない枚数の払い方が出るたびに更新している」

と説明がある。この処理は，最小値を求めるプログラムでは必ず行う定番のものである。現在の値と最小値
を保存する変数を比較したとき，現在の値のほうが小さい場合は，その値を最小値として変数に保存しなお
す処理を行う。この処理を繰り返すことによって，最終的に最小値が求められる。

　図2の(6)行目ではmin_maisuと比較している。ここで，min_maisuは最小枚数を保存する変数である
ことがわかっている。よって，比較しているのは現在の硬貨の枚数であることがわかる。解答の選択肢には
shiharaiがあるが，先の問題で「kakaku+tsuri」より支払う金額であることが判明しているので除外さ
れる。よって，図2の(5)行目の処理で，**枚数**(shiharai)+**枚数**(tsuri)の合計として保存しているmaisu
が該当する。maisuとmin_maisuを比較し，maisuのほうが小さい値ならば，min_maisuに保存しなおす。
よって，　ソ　は⓪maisu，　タ　は①min_maisuが答えになる。

補足

　関数「**枚数**(金額)」を含めた流れ図は次のようになる。また，ここで，問2で扱ったようなトレースを
実行してみると理解が深まる。

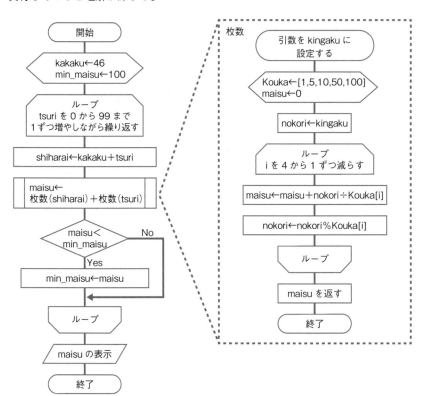

第4問　次の文章を読み，後の問い（**問1〜5**）に答えよ。

　次の表1は，国が実施した生活時間の実態に関する統計調査をもとに，15歳以上19歳以下の若年層について，都道府県別に平日1日の中で各生活行動に費やした時間（分）の平均値を，スマートフォン・パソコンなどの使用時間をもとにグループに分けてまとめたものの一部である。ここでは，1日のスマートフォン・パソコンなどの使用時間が1時間未満の人を表1－A，3時間以上6時間未満の人を表1－Bとしている。

表1－A　スマートフォン・パソコンなどの使用時間が1時間未満の人の
生活行動時間に関する都道府県別平均値

都道府県	睡眠 （分）	身の回りの 用事（分）	食事 （分）	通学 （分）	学業 （分）	趣味・娯楽 （分）
北海道	439	74	79	60	465	8
青森県	411	74	73	98	480	13
茨城県	407	61	80	79	552	11
栃木県	433	76	113	50	445	57

表1－B　スマートフォン・パソコンなどの使用時間が3時間以上6時間未満の人の
生活行動時間に関する都道府県別平均値

都道府県	睡眠 （分）	身の回りの 用事（分）	食事 （分）	通学 （分）	学業 （分）	趣味・娯楽 （分）
北海道	436	74	88	63	411	64
青森県	461	57	83	55	269	44
茨城県	443	80	81	82	423	63
栃木県	386	120	79	77	504	33

（出典：総務省統計局の平成28年社会生活基本調査により作成）

外れ値は，他のデータと比較して極端に離れた値を示すデータを指す．極端に離れた値を除外して平均と標準偏差を計算し，一般的に外れ値と疑われるデータが平均から標準偏差の値の 3 倍以上離れていたら，外れ値とみなす。

　花子さんたちは，表 1 － A をスマートフォン・パソコンなどの使用時間が短いグループ，表 1 － B をスマートフォン・パソコンなどの使用時間が長いグループと設定し，これらのデータから，スマートフォン・パソコンなどの使用時間と生活行動に費やす時間の関係について分析してみることにした。

　ただし，表 1 － A，表 1 － B において一か所でも項目のデータに欠損値がある場合は，それらの都道府県を除外したものを全体として考える。なお，以下において，データの範囲については，外れ値も含めて考えるものとする。

問 1　花子さんたちは，これらのデータから次のような仮説を考えた。表 1 － A，表 1 － B のデータだけからは**分析できない仮説**を，次の ⓪ ～ ③ のうちから一つ選べ。　**ア ①**

2 つの表からは読み取れないもの，提示されている項目からはわからないものを探すのがポイント。

解説 p.164

　⓪ 若年層でスマートフォン・パソコンなどの使用時間が長いグループは，使用時間が短いグループよりも食事の時間が短くなる傾向があるのではないか。

○ ①　若年層でスマートフォン・パソコンなどの使用時間が長いグループに注目すると，スマートフォン・パソコンなどを朝よりも夜に長く使っている傾向があるのではないか。

　②　若年層でスマートフォン・パソコンなどの使用時間が長いグループに注目すると，学業の時間が長い都道府県は趣味・娯楽の時間が短くなる傾向があるのではないか。

　③　若年層でスマートフォン・パソコンなどの使用時間と通学の時間の長さは関係ないのではないか。

問2　花子さんたちは表1−A，表1−Bのデータから睡眠の時間と学業の時間に注目し，それぞれを図1と図2の箱ひげ図（外れ値は○で表記）にまとめた。これらから読み取ることができる最も適当なものを，後の⓪〜③のうちから一つ選べ。　 イ②

┗最も適当なもの＝一致しているものを探す。

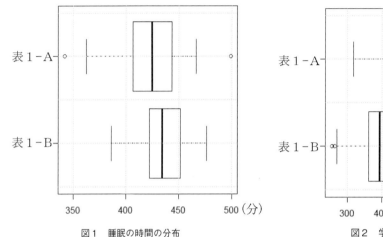

図1　睡眠の時間の分布

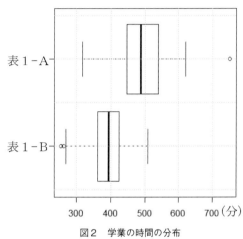

図2　学業の時間の分布

解説 p.165

⓪ 睡眠の時間が420分以上である都道府県の数をみたとき，表1−Aの方が表1−Bよりも多い。

① 学業の時間が550分以上の都道府県は，表1−Aにおいては全体の半数以上あり，表1−Bにおいては一つもない。

○② 学業の時間が450分未満の都道府県は，表1−Bにおいては全体の75％以上であり，表1−Aにおいては50％未満である。

③ 都道府県別の睡眠の時間と学業の時間を比較したとき，表1−Aと表1−Bの中央値の差の絶対値が大きいのは睡眠の時間の方である。

（表1-Aの数値）−（表1-Bの数値）= 2 つの差（図3の箱ひげ図）
であることに注意する。

問3　花子さんたちは，スマートフォン・パソコンなどの使用時間の長さの違いが，睡眠の時間と学業の時間のどちらに大きく影響しているかについて調べることにした。そのために，都道府県ごとに睡眠の時間と学業の時間のそれぞれにおいて，表1−Aの値から表1−Bの値を引いた差について考え，その結果を次の図3の箱ひげ図（外れ値は○で表記）で表した。図3について述べたこととして**A**〜**E**の中から正しいものはどれか。当てはまるものの組合せとして最も適当なものを，後の**⓪**〜**⑤**のうちから一つ選べ。　**ウ**⓪

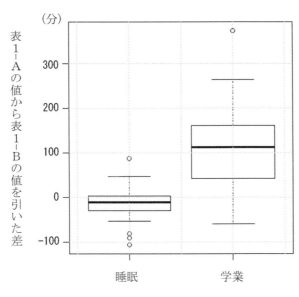

図3　生活行動時間の差

A 学業の時間の差が正の値になっている都道府県の若年層は，スマートフォン・パソコンなどの使用時間が短いグループの方が，学業の時間が長い傾向にある。

B 睡眠の時間の差が正の値になっている都道府県の若年層は，スマートフォン・パソコンなどの使用時間が短いグループの方が，睡眠の時間が短い傾向にある。

C スマートフォン・パソコンなどの使用時間による生活行動時間の差は，睡眠の時間よりも学業の時間の方に顕著に表れている。

D スマートフォン・パソコンなどの使用時間による生活行動時間の差は，学業の時間よりも睡眠の時間の方に顕著に表れている。

E スマートフォン・パソコンなどの使用時間による生活行動時間の差は，学業の時間と睡眠の時間の両方に同程度に表れている。

解説 ▷ p.166

○**⓪** AとC　　　　　　　**①** AとD　　　　　　　**②** AとE
　③ BとC　　　　　　　**④** BとD　　　　　　　**⑤** BとE

問4　花子さんたちは，表１－Aについて，睡眠の時間と学業の時間の関連を調べることとした。次の図４は，表１－Aについて学業の時間と睡眠の時間を散布図で表したものである。ただし，２個の点が重なって区別できない場合は ■ で示している。

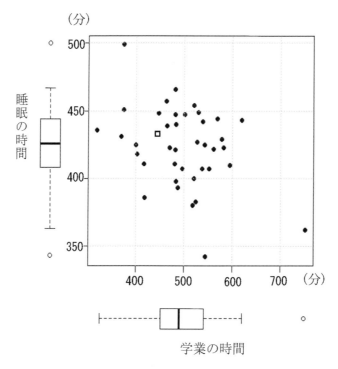

図４　表１－Aの学業の時間と睡眠の時間の散布図

ここで問われているのは「負の相関の解釈」であることを確認する。
⓪と①は「散らばりの度合い」の大小についての考察なので除外できる。

　都道府県単位でみたとき，学業の時間と睡眠の時間の間には，全体的には弱い負の相関があることが分かった。この場合の負の相関の解釈として最も適当なものを，次の⓪～③のうちから一つ選べ。なお，ここでは，データの範囲を散らばりの度合いとして考えることとする。　エ②

散らばりの度合いをみる指標となる値には，ほかにも分散や標準偏差がある。

解説　p.167

　⓪ 睡眠の時間の方が，学業の時間より散らばりの度合いが大きいと考えられる。
　① 睡眠の時間の方が，学業の時間より散らばりの度合いが小さいと考えられる。
○② 学業の時間が長い都道府県ほど睡眠の時間が短くなる傾向がみられる。
　③ 学業の時間が長い都道府県ほど睡眠の時間が長くなる傾向がみられる。

問5　次の文章を読み，空欄　**オ**　に当てはまる数字をマークせよ。また，空欄　**カ**　に入れるのに最も適当なものを，図6中の⓪～③のうちから一つ選べ。空欄　**キ**　に入れるのに最も適当なものを，後の解答群のうちから一つ選べ。

　花子さんたちは都道府県別にみたときの睡眠の時間を学業の時間で説明する<u>回帰直線を求め，図4の散布図にかき加えた（図5）</u>。すると回帰直線から大きく離れている県が多いことが分かったため，自分たちの住むP県がどの程度外れているのかを調べようと考え，実際の睡眠の時間から回帰直線により推定される睡眠の時間を引いた差（残差）の程度を考えることとした。そのために，残差を比較しやすいように，回帰直線の式をもとに学業の時間から推定される<u>睡眠の時間（推定値）を横軸に，残差を平均値0，標準偏差1に変換した値（変換値）を縦軸にしてグラフ図6を作成した</u>。参考にQ県がそれぞれの図でどこに配置されているかを示している。また，図5の■で示した点については，問題の都合上黒丸で示している。

┗ 値の散らばり具合を平等に見るために，平均と分散を考慮した基準上で分析している（標準化残差ともいう）。

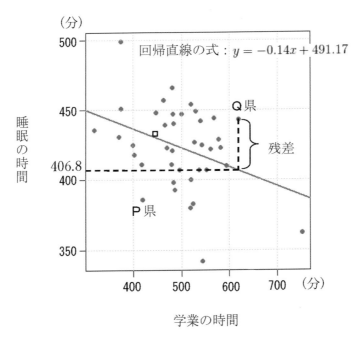

図5　回帰直線をかき加えた散布図

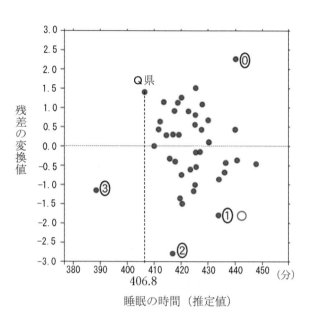

図6　睡眠の時間（推定値）と残差の変換値との関係

　図5と図6から読み取ることができることとして，平均値から標準偏差の2倍以上離れた値を外れ値とする基準で考えれば，外れ値となる都道府県の数は $\boxed{\text{オ}}$ 2 個である。図5中のP県については，図6中の⓪～③のうち $\boxed{\text{カ}}$ ① に対応しており，花子さんたちはこの基準に従いP県は $\boxed{\text{キ}}$ ① と判断した。花子さんたちは学業の時間以外の他の要因の影響についても考え，さらに都道府県の特徴について分析することとした。

解説〉p.169

─── $\boxed{\text{キ}}$ の解答群 ───

⓪ 外れ値となっている

○① 外れ値となっていない

② 外れ値かそうでないかどちらともいえない

まずは動画で確認！

■問1　ア　の解説

🖥 基礎知識

　与えられたデータから特徴や傾向を分析するデータ分析の問題である。統計の基礎的な内容を問うものが多くあるため，統計の用語やその定義，箱ひげ図（→p.108）や散布図（→p.70）などのグラフの見方をしっかり確認しておくことが必要である。

💡 考え方

　　ア　は，表1－A，表1－Bから「分析できない仮説」を読み取る問題である。

⓪　若年層でスマートフォン・パソコンなどの使用時間が長いグループは，使用時間が短いグループよりも<u>食事の時間が短くなる</u>傾向があるのではないか。

→食事の時間はどちらの表にも提示されており，分析可能な項目である。仮説を立てることは可能である。

①　若年層でスマートフォン・パソコンなどの使用時間が長いグループに注目すると，スマートフォン・パソコンなどを<u>朝よりも夜に長く使っている</u>傾向があるのではないか。

→表には，スマートフォン・パソコンの使用時間が朝か夜かという具体的な時間が示されていないため，分析はできない。よって，仮説を立てることは難しい。

②　若年層でスマートフォン・パソコンなどの使用時間が長いグループに注目すると，<u>学業の時間が長い都道府県は趣味・娯楽の時間が短くなる</u>傾向があるのではないか。

→趣味・娯楽の時間はどちらの表にも提示されており，分析可能な項目である。仮説を立てることは可能である。

③　若年層でスマートフォン・パソコンなどの<u>使用時間と通学の時間の長さは関係ない</u>のではないか。

→通学の時間はどちらの表にも提示されており，分析可能な項目である。仮説を立てることは可能である。

　以上より，「**分析できない仮説**」を選ぶ　ア　の正答は①となる。

■問2 　イ　 の解説 ░░░░░░░░░░░░░░░░░░░░░░░░░░░░░░░░░░░░░░░

💻 基礎知識

箱ひげ図の見方と四分位数（→p.108）について再度確認しておこう。

💡 考え方

睡眠の時間と学業の時間について，箱ひげ図を作りデータを分析する問題である。

⓪ 睡眠の時間が420分以上である都道府県の数をみたとき，<u>表1－Aの方が表1－Bよりも多い。</u>

→点線の部分が睡眠の時間がおおよそ420分のところである。第1四分位数（全体の25%）の位置に注目すると，全体の25%を超えている箱ひげ図は表1－Bであり表1－Aより多いといえる。よって，適当な答えではない。

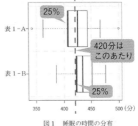

図1　睡眠の時間の分布

① 学業の時間が550分以上の都道府県は，表1－Aにおいては<u>全体の半数以上</u>あり，表1－Bにおいては一つもない。

→点線の部分が学業の時間が550分のところである。「全体の半数以上」とあるので，第2四分位数（50%）に注目すると，表1－Aは50%の位置が点線を超えていない。よって，適切な答えとはいえない。表1－Bは最大値の位置も点線を超えておらず，1つもないと判断できる。表1－Bに関しては適切な答えではあるが，両方とも適切とはいえないため，全体として正しい答えではない。

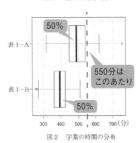

図2　学業の時間の分布

② 学業の時間が450分未満の都道府県は，<u>表1－Bにおいては全体の75%以上</u>であり，<u>表1－Aにおいては50%未満</u>である。

→点線の部分が学業の時間が450分のところである。表1－Bの75%の位置をみると，ひげの部分を除く箱がまるごと点線の左側にあることから，75%よりも多いとわかる。表1－Aでは，点線の右側に50%の線があることから，明らかに50%未満であるとわかる。よって，両方の考察が正しいといえることから，適切な答えである。

③ 都道府県別の睡眠の時間と学業の時間を比較したとき，表1－Aと表1－Bの<u>中央値の差の絶対値が大きいのは睡眠の時間</u>の方である。

→中央値は第2四分位数（50%）の位置，ちょうど点線の位置である。両方の位置を比較できるように線を引くと，その差が明確になる。ただし，図1と図2では横軸の目盛りの

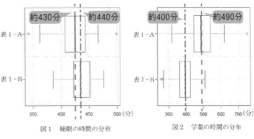

図1　睡眠の時間の分布　　　図2　学業の時間の分布

尺度が異なるため，視覚的な幅を見るのではなく具体的な数値を確認することが必要である。睡眠の時間の中央値を目盛りから読み取れる範囲でみると，その差は約10分ほどになる。また，学業の時間も同様にみると，差は約90分ほどである。絶対値の差は学業の時間のほうが大きいので，適切とはいえない。よって，　イ　の正答は②である。

■問3 ｜ ウ ｜ の解説

考え方

表1－A（スマートフォン・パソコンなどの使用時間が短いグループ）の値から，表1－B（スマートフォン・パソコンなどの使用時間が長いグループ）の値を引き，その差をもとに新たに箱ひげ図を作り分析した問題である。表1－Aの値－表1－Bの値の計算なので，正であれば表1－Aの値が大きいことを示し，負であれば表1－Bの値が大きいことを示している。

A 学業の時間の差が正の値になっている都道府県の若年層は，スマートフォン・パソコンなどの使用時間が短いグループの方が，学業の時間が長い傾向にある。

→図3の学業の時間を見ると，最小値が0分より下にあるものの，箱ひげ図の箱全体が0分より上に位置し，最大250分あたりまで差があることから，使用時間が短いグループのほうが学業の時間が長い傾向にあるといえる。よって，選択肢**A**は正しい。

B 睡眠の時間の差が正の値になっている都道府県の若年層は，スマートフォン・パソコンなどの使用時間が短いグループの方が，睡眠の時間が短い傾向にある。

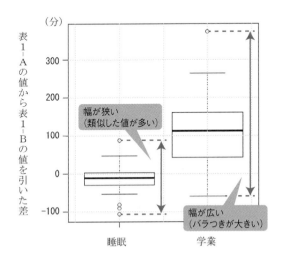

図3　生活行動時間の差

→図3の睡眠の時間を見ると，箱ひげ図全体が0分付近を中心にした狭い範囲に収まっている。つまり，両グループともに睡眠時間の傾向は類似していることがわかる。よって，選択肢**B**は誤り。

C スマートフォン・パソコンなどの使用時間による生活行動時間の差は，睡眠の時間よりも学業の時間の方に顕著に表れている。

→箱ひげ図の全体を比較すると，睡眠の時間の差はおおよそ－100分から90分（外れ値を含む）の間に数値が収まっているのに対し，学業の時間の差はおおよそ－60分から390分（外れ値を含む）と広い幅の間に数値がある。差が顕著に（目立って）表れているのは，広い数値の幅をもつ学業の時間のほうである。よって，選択肢**C**は正しい。

D スマートフォン・パソコンなどの使用時間による生活行動時間の差は，学業の時間よりも睡眠の時間の方に顕著に表れている。

→選択肢**C**とは逆に，睡眠の時間の差のほうが顕著に表れていると述べている。しかし，選択肢**C**の解説のように，学業の時間のほうが箱ひげ図の幅が広く，差が顕著に表れている。よって，選択肢**D**は誤り。

E スマートフォン・パソコンなどの使用時間による生活行動時間の差は，学業の時間と睡眠の時間の両方に同程度に表れている。

→この選択肢も，選択肢**C・D**の解説より誤りであるとわかる。両方とも同程度に差が表れているのであれば，箱ひげ図の大きさはほぼ同じになるはずである。明らかに差があるため，正しくない。

よって，**A**と**C**が正しい選択肢となり，｜ **ウ** ｜の正答は⓪**A**と**C**になる。

■問4 ┃ エ ┃ の解説

📺 基礎知識

散布図（→p.70）と箱ひげ図（→p.108）が合体した図の解釈が問われている。それぞれの見方を再度確認しておく。

💡 考え方

表1－A（スマートフォン・パソコンなどの使用時間が短いグループのデータ）を使い，学業の時間と睡眠の時間について散布図を描き分析した問題である。

問題文に，「学業の時間と睡眠の時間の間には，全体的には弱い負の相関があることが分かった」とある。また，「データの範囲を散らばりの度合いとして考える」ともあり，散らばり具合をみるための指標となる値を示している。範囲は，最大値から最小値を引いた値である。

ここでは，「負の相関の解釈として最も適当なもの」と指示があるので，あくまでも負の相関の特徴を理解しているかどうかが問われていることになる。

負の相関の特徴を再掲すると，以下のようになる。

・散布図上に表れる要素の分布が右下がりの傾向にある

・片方のデータが増加すると，もう片方のデータは減少する

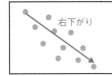

負の相関
片方のデータが増加すると
もう片方のデータは減少

相関ゼロ＝無相関
はっきりとした関係性が
見いだせない

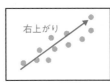

正の相関
片方のデータが増加すると
もう片方のデータも増加

⓪ 睡眠の時間の方が，学業の時間より散らばりの度合いが大きいと考えられる。

① 睡眠の時間の方が，学業の時間より散らばりの度合いが小さいと考えられる。

→選択肢⓪①は，散らばりの度合いについて範囲の値を見れば答えることはできるが，今回問われていることは「負の相関の解釈」である。よって，この選択肢は最初に除外できる。

② 学業の時間が長い都道府県ほど睡眠の時間が短くなる傾向がみられる。

→学業の時間が長いほど睡眠の時間が短くなる傾向は上記の特徴と一致しているため，正しい解釈である。

③ 学業の時間が長い都道府県ほど睡眠の時間が長くなる傾向がみられる。

→学業の時間が長いほど睡眠の時間が長くなる傾向とは，「正の相関」にみられる特徴である。よって，この解釈は誤りとなる。

よって， ┃ エ ┃ の正答は②となる。

解説

💻 基礎知識

　単回帰分析は，2つのデータ（気温とアイスコーヒーの注文数など）を「原因」と「結果」の関係として回帰直線で描画し，回帰式を使用してデータを予測する分析方法である。今回のデータの場合は，学業の時間に生活時間を費やせば，結果として睡眠時間はどのくらいになるのかといった関係を表すことになる。原因を表す変数を説明変数，結果を表す変数を目的変数といい，それぞれをxとyを使って2変数の関係性を一次方程式y=ax+bで示す。これを回帰式という。

　この式を使えば，8時間勉強したらどのくらい睡眠をとる傾向にあるか，おおよその推測をすることが可能になる。回帰直線は，回帰式をもとに，各データのちょうど中心を貫くように引かれる線である。

　残差（→p.70）は，回帰式を評価する上でよく用いられる値である。残差が増加傾向か減少傾向か，極端に飛び抜けた値がないかを確認し，回帰式が妥当かどうかを検証する。ここでは，極端に飛び抜けた値がないかどうかを確認するために残差を用いている。残差は実測値との差であるため，正の方向に差があれば予測値が小さく，負の方向に差があれば逆に大きいことになる。

💡 考え方

　散布図に回帰直線を追加した単回帰分析の問題である。

　「図5と図6から読み取ることができることとして，平均値から標準偏差の2倍以上離れた値を外れ値とする基準で考えれば，外れ値となる都道府県の数は │ オ │ 個である」では，図6中に平均，標準偏差±2.0の位置に線を引くと，該当する外れ値を確認することができる。

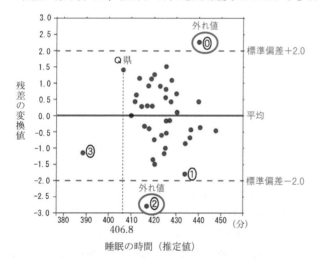

図6　睡眠の時間（推定値）と残差の変換値との関係

　「平均値から標準偏差の2倍以上離れた値を外れ値とする基準」の場合，該当するものは2個ある。よって， │ オ │ の答えは②となる。

■問5 　カ　 の解説 ╲╲╲╲╲╲╲╲╲╲╲╲╲╲╲╲╲╲╲╲╲╲╲╲╲╲╲╲╲

💡 考え方

　「図5中のP県については，図6中の⓪〜③のうち　カ　に対応しており」は，図6中でP県はどれかを見る問題であり，Q県の睡眠の時間の数値が手掛かりとなる。図5では，Q県の残差からはじまり，回帰直線上を交わって睡眠の時間のほうに目盛りを読むと「406.8」と明示されている。この手順と同じように，P県の残差のプロットから回帰直線上を通って睡眠の時間上の目盛りを読むと，「約430分」前後くらいにあたる。

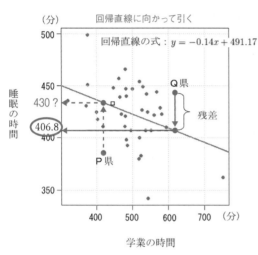

図5　回帰直線をかき加えた散布図　　　　　図6　睡眠の時間（推定値）と残差の変換値との関係

　この値に対応するプロットを今度は図6上で探すと，「約430分」前後にあるプロットは①のみである。よって，　カ　の答えは①である。

■問5 　キ　 の解説 ╲╲╲╲╲╲╲╲╲╲╲╲╲╲╲╲╲╲╲╲╲╲╲╲╲╲╲╲╲

💡 考え方

　図6中からP県に該当するプロットを見つけ出し，外れ値かそうでないかを判断する問題である。花子さんたちの基準は「平均値から標準偏差の2倍以上離れた値を外れ値とする基準」である。この基準に照らし合わせると，　カ　の答えより導き出されたP県のプロットである①は外れ値となっていない（左ページの図6参照）。よって，　キ　の答えは①「外れ値となっていない」となる。

第4問（参考）　次の文章を読み，後の問い（問1〜5）に答えよ。

　K市の高校生の花子さんは，「情報Ⅰ」の授業のデータ分析の課題「季節に関係のある商品のデータを探して，季節とその売り上げの関係性について調べなさい」について，暑い夏に売り上げの伸びそうなエアコンとアイスクリームの月別売上データを収集し分析しようと考えた。

　次のデータは，2016年1月から2020年12月までの全国のエアコンの売上台数（単位は千台）とK市のアイスクリームの売上個数（単位は個）を表している。

表1　エアコンとアイスクリームの売上データ

年月	エアコン（千台）	アイス（個）
2016年　1月	434	464
2016年　2月	504	397
2016年　3月	769	493
2016年　4月	420	617
2016年　5月	759	890
2016年　6月	1470	883
2016年　7月	1542	1292
2016年　8月	651	1387
2016年　9月	469	843
2016年　10月	336	621
2016年　11月	427	459
2016年　12月	571	562
2017年　1月	520	489
〜	〜	〜
2020年　12月	635	599

（出典：一般社団法人日本冷凍空調工業会，
　　　　一般社団法人日本アイスクリーム協会の資料より作成）

　花子さんは，これら二つの売上数の関係を調べるためにこのデータを，次の図1のようなグラフで表した。このグラフでは，横軸は期間を月ごとに表し，縦軸はエアコンの売上台数（単位は千台）とアイスクリームの売上個数（単位は個）を同じ場所に表している。破線はエアコン，実線はアイスクリームの売上数を表している。

┗━エアコン，アイスクリーム双方の単位に注意する。

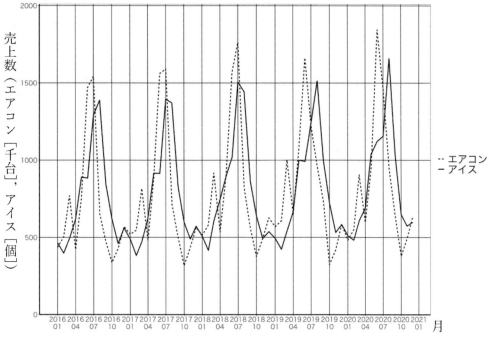

図1　エアコンとアイスクリームの売上数のグラフ

問1　図1のグラフを見て読み取れることを，次の**⓪**〜**③**のうちから一つ選べ。　**ア②**

解説 p.178

⓪ アイスクリームの売上個数は毎月増加している。

① エアコンの売上台数は年々減少している。

○**②** 年ごとの最もよく売れる時期についてはエアコンの方がアイスクリームよりもやや早い傾向がある。

③ 2016年10月は，エアコンの売上台数よりもアイスクリームの売上個数の方が多い。

問2　エアコンやアイスクリームの売り上げが年々増加しているのかどうかを調べたいと考えた花子さんは，月ごとの変動が大きいので，数か月のまとまりの増減を調べるためにその月の前後数か月分の平均値（これを移動平均という）を考えてみることにした。

表2　エアコンの移動平均を計算するシート

年月	エアコン（千台）	6か月移動平均
2016年　1月	434	
2016年　2月	504	
2016年　3月	769	
2016年　4月	420	726.0
2016年　5月	759	910.7
2016年　6月	1470	935.2
2016年　7月	1542	885.2
2016年　8月	651	871.2
2016年　9月	469	815.8
2016年　10月	336	666.0
2016年　11月	427	495.7
2016年　12月	571	478.3
2017年　1月	520	536.2

　例えば，表2は6か月ごとのまとまりの平均を計算している例である。「6か月移動平均」の列について，2016年1月から6月までの6か月の平均値である726.0を2016年4月の行に記載している。このようにエアコンとアイスクリームの売上数について6か月，9か月，12か月，15か月の移動平均を求め，それらの一部をグラフに描いたものが次の⓪～③である。これらのグラフはそれぞれ順不同である。この中から，12か月移動平均の増減を表していると考えられるグラフを，次の⓪～③のうちから一つ選べ。　イ①

解説　p.180

⓪

○①

②

③

問3 次の文章を読み，空欄 ウ に入れるのに最も適当なものを，後の解答群の⓪～③のうちから一つ選べ。

> 元のデータと時間をずらしたデータとの相関を「自己相関」という。

次に花子さんは，より詳細な増減について調べることにした。図1では，エアコンやアイスクリームの売上数は，ある一定期間ごとの繰返しでほぼ変化している傾向があるのではないかという仮説を立て，これが正しいかどうかを確かめるために，まずエアコンの売上台数のデータと，そのデータをnか月だけずらしたデータとの相関係数を求めてみることにした。ずらしたために一方のデータが欠けている箇所については除外して考えた。そのデータについて統計ソフトウェアを用いてグラフにしたものが次の図2である。

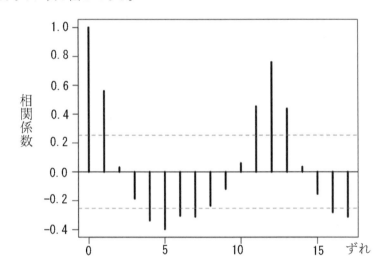

図2　エアコンの売上データをずらした月数とその相関係数

横軸は「ずれ」の月数(n)であり，縦軸は相関係数を表している。例えば，横軸の0のときの値は，エアコンの同じデータ同士の相関係数であるので，明らかに1を示していることが分かる。

> 図2のようなグラフを「コレログラム」とも呼ぶ。元のデータとずらしたデータとの相関係数をグラフ化したもので，データの周期性を把握するために利用される。

図2から，エアコンの売上台数の増減は，おおよそ ウ② か月ごとにほぼ同じように変化していると考えることができる。

同様のグラフを作成すると，アイスクリームの売上個数もエアコンと同じ月数ごとで変動していることが分かった。

解説 p.181

┌── ウ の解答群 ──────────────

⓪ 2　　　　　① 5　　　　　○② 12　　　　③ 14

後ろにずらしているところがポイント。

問4　次にエアコンとアイスクリームの売上数の関係を調べようと考えて，その相関係数を求めると，約0.62であった。しかし，図1を見て，売上のピークが多少ずれていると考えた花子さんは，試しに次の表3のように<u>エアコンの売上台数のデータを1か月あとにずらして考えてみた</u>。例えば，2016年1月のエアコンの売上台数である434（千台）を2016年2月にずらし，以降の月についても順次1か月ずらしている。このデータをもとに，相関係数を求めてみたところ約0.86となった。なお，ずらしたために一方のデータが欠けている箇所については，除外して相関係数を計算している。

表3　エアコンのデータを1か月ずらした様子

年月	エアコン（千台）	アイス（個）
2016年　1月		464
2016年　2月	434	397
2016年　3月	504	493
2016年　4月	769	617
2016年　5月	420	890
2016年　6月	759	883
2016年　7月	1470	1292
2016年　8月	1542	1387
2016年　9月	651	843
2016年　10月	469	621
2016年　11月	336	459
2016年　12月	427	562
2017年　1月	571	489

　同様に，エアコンの売上台数のデータをnか月後にずらしたデータとの相関係数を求めてみたところ，次の表4のような結果になった。

表4　エアコンとアイスクリームの売上数のずらした月数と相関係数

ずれ（n）	− 3	− 2	− 1	0	1	2	3
相関係数	− 0.45	− 0.17	0.21	0.62	0.86	0.70	0.17

←──────────────→　　　　　　←──────────────→
　　　nか月前にずらした　　　　　　　　　nか月後にずらした

このことから考えられることとして，最も適当なものを，次の⓪〜④のうちから一つ選べ。 **エ** ④

解説 p.182

⓪ アイスクリームの売上個数のピークの方が，エアコンの売上台数のピークより1か月早く訪れる。

① エアコンを買った人は，翌月に必ずアイスクリームを購入している。

② アイスクリームが売れたので，その1か月後にエアコンが売れることが分かる。

③ 気温が高いほどエアコンもアイスクリームも売れる。

◯④ ある月のアイスクリームの売上個数の予測をするとき，その前月のエアコンの売上台数から，ある程度の予測ができる。

問5　次の文章を読み，図中の空欄 オ ～ キ に入れるのに最も適当なものを，後の解答群のうちから一つずつ選べ。

　花子さんは，情報科の先生から，これらの売上数と他の要素との関係も調べてみてはどうか，という意見をもらった。そこで，K市の同じ期間の月別平均気温と平均湿度のデータを気象庁のサイトから収集し，これらのデータを合わせて，統計ソフトウェアで図3のような図を作成した。（これを散布図・相関行列という。）図3の左下の部分は相関係数，右上の部分は散布図，左上から右下への対角線の部分はそれぞれの項目のヒストグラムを表している。

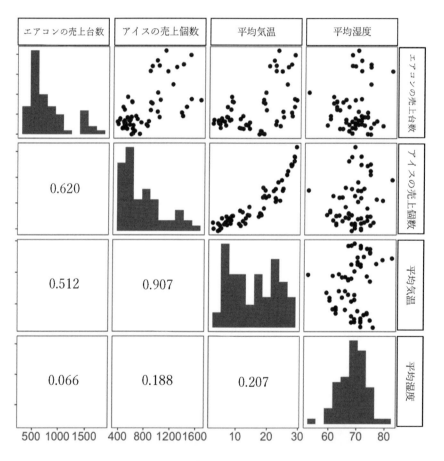

図3　散布図・相関行列

　図3から花子さんは，次の図4のような関係図を作成した。図中の実線の矢印の向きは，ある項目への影響を表している。また，矢印の線の太さは相関係数の絶対値が0.7 以上を太い線で，0.7 未満を細い線で表し，その相関の強さを示している。

0.7 の値は強い相関があることを示している。つまり，太い線は強い相関があり，細い線は中程度の相関があることを表す。

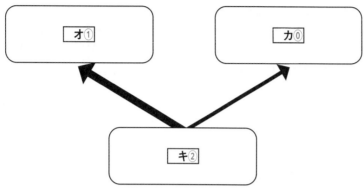

図4　項目間の相関と影響を表した図

　花子さんは，これらの結果をまとめて，「情報 I」の課題レポートを作成した。

解説　p.183

―――　 オ 〜 キ の解答群 ―――――――――――

カ⓪ エアコンの売上台数　　　　　　オ① アイスクリームの売上個数
キ② 平均気温　　　　　　　　　　　　③ 平均湿度

■問1 [ア] の解説

考え方

　2016年から2020年までのエアコンとアイスクリームの売上について，表データ（表1）とそれをグラフ化したもの（図1）を提示し，グラフから読み取れることは何かを見る問題である。図1は5つの山がある凸凹のグラフであるが，時系列で推移する傾向を正しく読むことがポイントとなる。

⓪ アイスクリームの売上個数は毎月増加している。

→アイスクリームのデータを示している実線のグラフを見ると，毎年おおむね3月頃から売上が増加しはじめ，最も多く売り上げている月が7月から8月で，それ以降は減少していることが読み取れる。よって，「毎月増加している」とは言えないため，誤りである。

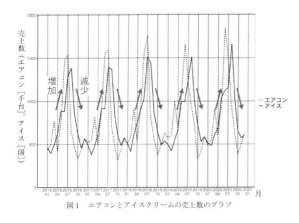

図1　エアコンとアイスクリームの売上数のグラフ

① エアコンの売上台数は年々減少している。

→エアコンのデータを示している破線のグラフを見ると，夏に向けて売上のピークがあり，山になっている部分が年を追うごとに高く推移している（若干増加傾向にある）傾向がみられる。「減少している」わけではないため，誤りである。

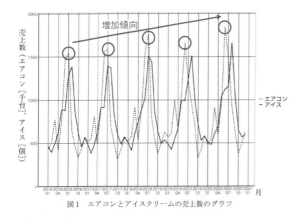

図1　エアコンとアイスクリームの売上数のグラフ

② 年ごとの最もよく売れる時期についてはエアコンの方がアイスクリームよりもやや早い傾向がある。

→エアコンの売上のピーク（最も山になっている部分）のほうが，アイスクリームの売上のピークより1か月ほど早く来ていることが読み取れる。よって，この選択肢が正解となる。

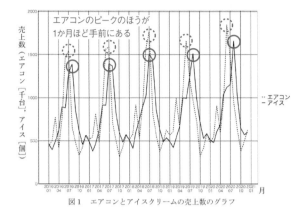

図1　エアコンとアイスクリームの売上数のグラフ

③ 2016年10月は，エアコンの売上台数よりもアイスクリームの売上個数の方が多い。

→図1で「2016年10月」のグラフの折れ線を読み取ると，一見アイスクリームの売上個数のほうが多いように見える。しかし，縦軸の単位を確認すると，エアコンの売上台数が「千台」であるのに対して，アイスクリームの売上数は「個」である。実際の数は明らかにエアコンの売上台数のほうが多いので，この選択肢は誤りとなる。

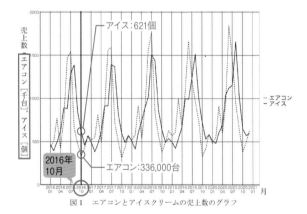

図1　エアコンとアイスクリームの売上数のグラフ

よって，　ア　の正答は②である。

解 説

💻 基礎知識

　時間の経過によって記録されたデータのことを時系列データという。このようなデータを使って時間の経過による値の変化を分析すると，何らかの傾向を見ることができ，その傾向から将来の予測を行うことが可能となる。

　今回のデータのように似たような山がいくつもあると，正しく全体の傾向が読み取れないこともある。そのため，いくつかのデータをまとめてその平均をとることで，変動する部分を滑らかな線状にし傾向を見やすくすることができる。これを移動平均という。

💡 考え方

　この問題は，6か月，9か月，12か月，15か月ごとに平均を計算したグラフを作る問いである。移動平均のグラフを描くと，凸凹とした線の上下幅の間隔が小さく，平均する期間が長くなるほど滑らかな線に近い形になる。提示されているデータが2016年1月から2017年1月までとなっているため，全体の線の形状を数値から予測することは難しいが，最初の平均値から比較することは可能となっている。表1をもとに計算した，各期間ごとの平均値の最初の値をまとめる。（ただし，15か月の2017年2月以降のデータは2016年2月，3月のデータで補足した。）

平均する期間	エアコン	アイスクリーム
6か月	726.0	624.0
9か月	779.8	807.3
12か月	696.0	742.3
15か月	676.3	685.8

　これらの値から，グラフの始まりの部分の値を比較する。

⓪ エアコン，アイスクリームともに700を下回っていることから，15か月のグラフである。

① アイスクリームが750を少し下回り，エアコンが700の若干下に位置している。よって，12か月のグラフであることがわかる。また，このグラフは最も凸凹がなく滑らかな線状であることからも正解であることがわかる。

② エアコンが800より下で，アイスクリームが800を超えていることから，9か月のグラフである。

③ エアコンが700の少し上，アイスクリームは600の少し上になっている。よって6か月のグラフである。

　以上より，12か月の移動平均のグラフを示す　イ　の答えは①である。

■問3 ｜ ウ ｜ の解説

考え方

　元のデータと時間をずらしたデータとの相関係数を求め，グラフ化したものからデータの周期性の傾向を読み取る問題である。周期性＝一定時間ごとに繰り返されるパターンを見る問題だが，ここでは，2か月，5か月，12か月，14か月という選択肢がある。この周期の始まりと終わりに似たような相関係数があるかどうかを見るのがポイントである。

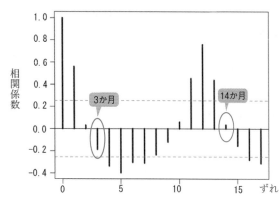

図2　エアコンの売上データをずらした月数とその相関係数

　横軸の3か月めから負の相関係数になり，ちょうど10か月めで正の相関係数に戻っている。負の方向にある大きな山の部分が一つの周期とすると，⓪2，①5は誤答であることが読み取れる。③14か月周期だとすると，14か月めの値はちょうど2か月めの値と同じであることから，周期の途中であると判断でき，選択肢からは除外できる。よって，｜ ウ ｜ の正答は②12か月となる。

　あらためて1か月から12か月めまでの周期をみると，一つの凹凸になっていることがわかる。

解 説

　問3ではエアコンのみのデータを使って相関係数を求めた。問4は、エアコンとアイスクリームのデータを使い、エアコンのデータをnか月ずらして相関係数を求め傾向を見る問題である。時間のずれと相関係数の関係から解答を導き出せる。

⓪ アイスクリームの売上個数のピークの方が、エアコンの売上台数のピークより1か月早く訪れる。

→エアコンの売上台数を1か月後にずらしたほうが相関係数が高いのだから、エアコンのほうが1か月早く
　ピークを迎えるということである。また、問1からも、エアコンが最も売れるのはアイスクリームが最も
　売れる1か月前であることがわかっているので、誤りである。

① エアコンを買った人は、翌月に必ずアイスクリームを購入している。

→このデータから、エアコンを買った人が翌月にアイスクリームを買っていることは読み取れないため、誤
　りである。

② アイスクリームが売れたので、その1か月後にエアコンが売れることが分かる。

→この解答も、①と同様に、アイスクリームが売れた1か月後にエアコンが売れると言いきることはできな
　い。そのため誤りである。

③ 気温が高いほどエアコンもアイスクリームも売れる。

→7〜8月の時期にエアコンもアイスクリームも多く売れているので、気温が高いほど両方とも売れる傾向
　があることは推測できる。しかし、この問題で提示されているデータは1か月ずらした売上数のデータと
　相関係数のみで、気温のデータは提供されておらず、示されているデータからこれらの傾向を確実に読み
　取ることは難しい。そのため、誤りとなる。

④ ある月のアイスクリームの売上個数の予測をするとき、その前月のエアコンの売上台数から、ある程度
　の予測ができる。

→エアコンの売上台数を1か月後にずらした相関係数は0.86で、表4の中で最も高い値である。つまり、
　エアコンが売れたら、アイスクリームも同様に売れるといった強い相関関係にあることが値から推測で
　き、お互いの売上データが強く影響することを意味している。これらのことより、ある月のアイスクリー
　ムの売上個数を予測する場合に、前月に売上台数の結果が出ているエアコンの数値からおおよその予測が
　できると言える。よって、この選択肢が正解となる。

　よって、 エ の正答は④となる。

■問5 オ ～ キ の解説

考え方

　データとして平均気温と平均湿度を加えて，それぞれのデータ間の関係とその影響を見る問題である。図3を読み解くと，次のようになる。

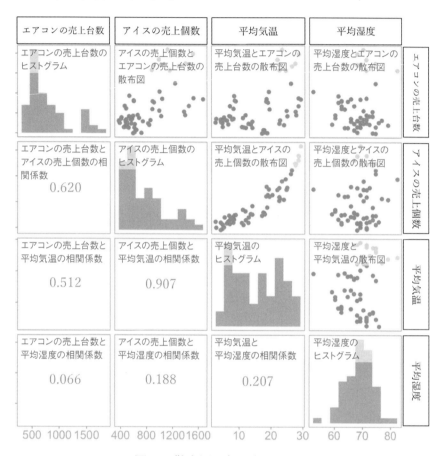

図3　散布図・相関行列

　図4より， キ が原因となって オ ・ カ の結果が現れる関係があることが読み取れる。また，矢印の線の太い側が0.7以上，細い側が0.7未満とあることから，相関係数が0.7以上のものをみると，アイスの売上個数と平均気温の0.907が該当する。つまり， オ と キ の関係で強い相関がみられることが推測できる。また，平均気温とアイスの売上個数の散布図からも強い正の相関傾向が見て取れることから， キ は平均気温であることがわかる。

　0.7未満の相関係数は残りの値がすべて該当するが， キ は平均気温であることがわかっている。そのため，平均気温が影響しているデータ項目で，0.7に近く，また，0.7未満の値を探すと，0.512の値をもつエアコンの売上台数が該当する。

　よって， オ は①アイスクリームの売上個数， カ は⓪エアコンの売上台数， キ は②平均気温が答えとなる。

Memo

第3章 実践問題

第3章では，本番を想定した実践問題に取り組もう。
問題は，共通テストを意識した構成・配点になっている。
できなかった問題は解説をよく読み，繰り返し学習しよう。

3

第1問　次の問い（問1〜4）に答えよ。（配点20）

問1　SNSやインターネットを使ったサービス利用，セキュリティに関する次の問い（**a・b**）に答えよ。

a　SNSやWebサイトを利用する際の注意や判断として，適当なものを次の⓪〜⑤のうちから二つ選べ。ただし，解答の順序は問わない。　ア ・ イ

⓪ SNS上での知り合いとなら，名前や住所，学校名などの個人情報を共有しても問題ない。

① 友人が撮影した画像をSNSに投稿しても，その画像に著作権は発生しないため，他者が自由に使ってもよい。

② SNSやインターネット上で発言する際は，礼儀正しい言葉遣いと優しいトーンを心がけ，誤解を招かないように，相手を尊重する必要がある。

③ SNSの投稿やインターネット上の活動は完全に削除することは難しいため，投稿者の将来に影響を与える可能性がある。

④ 友人からのメールの内容に，他の友人にも同メールを転送してほしいと書かれていた。内容が緊急性の高いものだったので，すぐに転送した。

⑤ SNSやWebサイト上に書かれている情報が正しいかを見極める方法は少なく，検索上位に表示されるかどうかのみで判断する必要がある。

b 情報セキュリティに関する内容として，最も適当なものを次の⓪〜③のうちから一つ選べ。
  | ウ |

  ⓪ 取引のあるネットバンキングから，利用者のパスワードを一元管理するので教えてほしいと連絡があったので，教えた。

  ① コンピュータウイルスに感染しないためには，ウイルス対策ソフトをインストールするだけでは効果は少なく，定期的に違うウイルス対策ソフトに変える必要がある。

  ② 公共のWi-Fiは誰もが利用できる仕様のため，安全性は保証されている。

  ③ httpsから始まるWebサイトはデータを暗号化して送ることがわかるだけで，そのサイトが安全かどうかはわからない。

問2　次の文章を読み，空欄 ア ・ イ に入れるのに最も適当なものを，後の解答群の⓪〜③
のうちから一つ選べ。

　多くの情報システムは，障害に備えてさまざまな対策がなされている。情報システムの信頼性を
測る指標に稼働率がある。稼働率は，コンピュータやネットワークなどのシステムが，ある期間の
中で正常に稼働している時間の割合のことである。

　稼働率を求めるには，平均故障間隔と平均修理時間を用いる。

・平均故障間隔：使用を開始または修理後に再開してから次の故障までの平均的な時間間隔。

　総稼働時間÷総故障回数で求める。

・平均修理時間：障害発生から修復が完了するまでの時間の平均値。

　総修理時間÷総故障回数で求める。

・稼働率（％）：全時間の中でシステムが稼働している割合。

　平均故障間隔÷（平均故障間隔＋平均修理時間）×100で求めることができる。

　あるシステムが図1の運転状況の場合，稼働率は ア ％となる。

稼働中 100 時間	修理中 2 時間	稼働中 100 時間	修理中 3 時間	稼働中 50 時間	修理中 1 時間	稼働中 44 時間

図1　運転状況

　また，システム障害などでデータが失われた場合，復旧できるようにデータのバックアップを定
期的に行うことが大切である。バックアップの代表的な方式には次のようなものがある。初回を月
曜日として，色のついた部分が，その日にバックアップする対象のデータである。

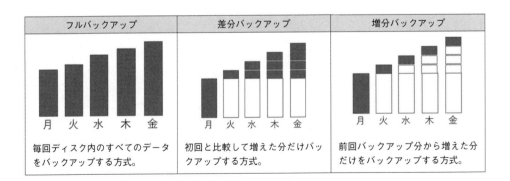

月曜日をバックアップ開始日として，それぞれの方式を比較した場合，<u>　イ　</u>ということがわかる。

<u>　ア　</u>の解答群

⓪ 99　　　　　　① 98　　　　　　② 97　　　　　　③ 96

<u>　イ　</u>の解答群

⓪ ディスク容量が最も多く必要になるのは差分バックアップである

① 木曜日のバックアップが最も早く終わるのはフルバックアップである

② 月曜日のバックアップ時間は差分バックアップが最も短い

③ 水曜日のデータ（全量）に戻すために，月～水までのデータが必要なのは増分バックアップである

問3　次の文章を読み，空欄　ア　～　エ　に入れるのに最も適当なものを，後の解答群のうちから一つずつ選べ。

　基本的な論理回路には，AND回路（論理積回路），OR回路（論理和回路），NOT回路（否定回路）などがあり，これらを組み合わせて演算処理を行う。表1はこれらのMIL記号や真理値表，ベン図，論理式を示している。真理値表は入力と出力の関係を表し，ベン図は集合の要素や重なりを表している。

表1　MIL記号・真理値表・ベン図・論理式

	AND（論理積）回路	OR（論理和）回路	NOT（否定）回路
MIL記号			
真理値表	入力 A B 出力 X 0 0 0 0 1 0 1 0 0 1 1 1	入力 A B 出力 X 0 0 0 0 1 1 1 0 1 1 1 1	入力 A 出力 X 0 1 1 0
ベン図			
論理式	A・B	A＋B	$\overline{A}$

　AND回路とNOT回路を使って論理回路1（図1）を作成した。この論理回路の真理値表を作成すると　ア　となり，この真理値表と同じ出力結果となる論理回路は　イ　である。
　図1の論理回路と　イ　の論理回路は，形が違っても真理値表が同じであることから，それぞれの論理回路に対応する論理式を考えてみる。図1はAND回路にAとBが入力され，出力結果はA・Bとなり，次にこのA・BがNOT回路を通ることから，$\overline{A・B}$となる。同様に，　イ　の論理回路に対する論理式は　ウ　となる。このことから，$\overline{A・B}$＝　ウ　の関係であることがわかる。

図1　論理回路1

ア の解答群

⓪

入力		出力
A	B	X
0	0	1
0	1	0
1	0	1
1	1	0

①

入力		出力
A	B	X
0	0	1
0	1	1
1	0	1
1	1	0

②

入力		出力
A	B	X
0	0	0
0	1	1
1	0	1
1	1	0

イ の解答群

⓪
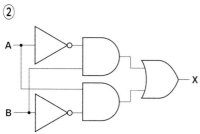

①

②

③

ウ の解答群

⓪ $\overline{A \cdot B}$　　　① $\overline{A} \cdot \overline{B}$　　　② $\overline{A + B}$　　　③ $\overline{A} + \overline{B}$

次に，論理回路の考えを応用して，画像の重ね合わせを考える。3×3の画像（黒：0，白：1）からなる画像Aと画像Bがある。画像AをNOT演算すると，画像NOT Aとなる。

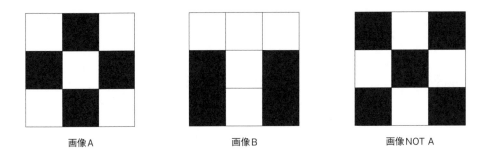

画像A　　　　　　　　　　画像B　　　　　　　　　画像NOT A

また，画像Aと画像BをAND演算で重ね合わせ処理を行うと，画像A AND Bとなる。

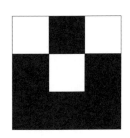

画像A AND B

このことから，画像Aと画像BをOR演算で重ね合わせ処理を行うと，画像　エ　となる。

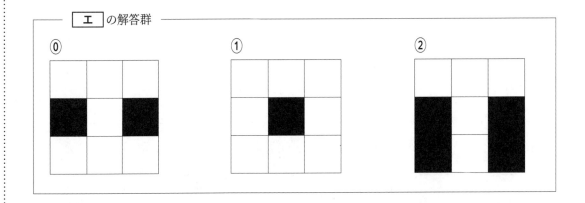

───　エ　の解答群　───

⓪　　　　　　　　　　①　　　　　　　　　　②

問4 次の文章を読み，空欄 $\boxed{\text{ア}}$ ～ $\boxed{\text{エ}}$ に入れるのに最も適当なものを，後の解答群の⓪～④のうちから一つ選べ。

Webページを作成するときは，構造化を意識することが大切である。構造化は，全体像を見極めて，要素同士の関係性をわかりやすく整理して，結びつけていくことである。

情報を構造化するための方法として，例えば，「並列」「順序」「分岐」「階層」「因果」がある。

・並列（Parallel）　…同じレベルの重要性をもつ複数の要素が並んでいる状態を指す。

・順序（Sequence）…特定の順番で情報が並んでいる状態や画面の遷移を指す。

・分岐（Branching）…ユーザの選択やアクションによって異なるコンテンツやページに進むことを指す。

・階層（Hierarchy）…情報が上下関係で整理されている状態を指す。

・因果（Cause and Effect）　…ある事象（原因）が別の事象（結果）を引き起こす関係を指す。

次の表1は，構造化を用いてWebページを作成したときの一部を抜粋したものである。

表1　Webページの構造化

構造化の方法と表1のⅠ～Ⅳについて，最も当てはまるものを対応づけした場合，Ⅰは $\boxed{\text{ア}}$，Ⅱは $\boxed{\text{イ}}$，Ⅲは $\boxed{\text{ウ}}$，Ⅳは $\boxed{\text{エ}}$ が対応する。

―― $\boxed{\text{ア}}$ ～ $\boxed{\text{エ}}$ の解答群 ――

⓪ 並列　　　　① 順序　　　　② 分岐　　　　③ 階層　　　　④ 因果

第2問　次の問い（A・B）に答えよ。（配点30）

A　次の生徒（ケンジさん）と先生の会話文を読み，問い（**問1〜4**）に答えよ。

生徒：先日，大雨が降った後きれいな虹が出ていました！　その写真をスマートフォンのカメラで撮影しました！

先生：とてもよく撮れていますね。そのスマートフォンで撮影した写真をブログページ（Webページ）に掲載すれば注目を浴びると思いますよ。

生徒：ぜひ，掲載したいです！　確か，授業で習ったようにこの写真に関する著作権は僕にあるから，公表するかしないかは僕が決められるのですよね。

先生：よく覚えていますね！　著作権は，大きく著作者の権利と伝達者の権利に分けられ，さらに細分化されます。著作者の権利の一つである A 公表権は著作物を公表するかどうかを決定する権利です。

生徒：なるほど！　ちなみに，この写真をWebページにアップした場合，どういう流れでスマートフォンなどのWebブラウザで表示できるのですか。

先生：いい質問ですね！　基本的には， B DNSサーバやWebサーバを経由してWebページのデータが取得できます。

ただ，注意しないといけないは，HTMLファイルで定義されているのは，主にWebページの構造に関する情報だけになります。画像などがWebページ上にある場合は，HTMLのタグで画像のある場所を指定する必要があります。

例えば図1のWebページの場合は，Webページ自体のURLは「https://example.com/abc/index.html」ですが，画像のURLは異なります。

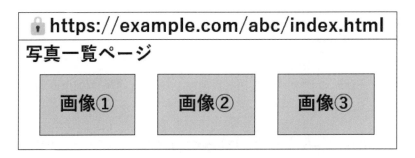

図1　写真一覧ページ

【画像のURL】

画像①　https://example.com/img/gazou1.jpg
画像②　https://example.com/img/gazou2.png
画像③　https://example.jp/image/gazou3.jpg

生徒：そうなんですね。勉強になります。

先生：撮影してもらった虹の写真はスマートフォンの高画質モードで撮影しているので15MBもありますね。通信速度が遅い回線では，表示に時間がかかるかもしれないので，もう少し画質を下げてもよいかもしれません。データの伝送速度の単位としてbpsがあります。例えば，1bpsの場合は，1秒当たり1ビットのデータを伝送できるという意味になります。最近は，高速インターネットが普及していますが，多くの人がアクセスする公衆無線LANなどでは一人当たりの通信速度が制限されることがよくありますのでWebページの表示に時間がかかることがあります。

生徒：なるほど！

問1　下線部Aについて，ケンジさんの公表権を侵害する行為として最も適当なものを次の⓪〜③のうちから一つ選べ。　ア

⓪ ケンジさんが写真を撮影する姿をこそっと撮影して，ケンジさんに無断でSNS上にアップした。

① ケンジさんが撮影した風景の写真を，ケンジさんの許可を得ず自らがアカウントを所有するSNS上へアップした。

② ケンジさんが写真を撮影するのが大好きだということを，ケンジさんの許可なくSNS上にアップした。

③ ケンジさんが撮影した写真の複製をもらったうえで，自分自身のスマートフォンに大切に保管した。

問2　下線部Bについて，URLを指定してWebブラウザにWebページが表示されるまでの流れを
整理した。次の**A〜D**の内容を正しく並べ替えたものを，次の⓪〜③のうちから一つ選べ。
　イ　

図2　Webページが表示されるまでの流れ

A	Webページのデータを依頼する
B	Webページのデータを返す
C	IPアドレスを問い合わせる
D	IPアドレスを返す

⓪ D→C→A→B
① A→B→C→D
② C→A→D→B
③ C→D→A→B

問3 図1のWebページのURLと【画像のURL】について考察したものについて，**誤っているも**
のを次の⓪～③のうちから一つ選べ。 ウ

⓪ HTMLファイルも画像ファイルもいずれも暗号化された状態で通信される。

① HTMLデータと画像データはすべて同じタイミングで受信できる。

② 画像によって，格納されているWebサーバが異なる可能性がある。

③ 画像①はimgフォルダ内に存在することが分かる。

問4 現在の回線速度が10Mbpsで，15MBの画像を取得する場合，約何秒かかるか。この場合，
受信するのに約 エ 秒がかかる。 エ に当てはまるものを⓪～③のうちから一つ選べ。な
お，1MBは1,000KBとする。

┌─ エ の解答群 ─────────────────────────────────┐

⓪ 6   ① 12   ② 18   ③ 24

└───┘

B　次の文章を読み，後の問い（**問1～3**）に答えよ。

　ケンジさんは文化祭の実行委員をしている。今度の文化祭ではビンゴ大会を行う予定である。ビンゴ大会を行うのは初めてであり，ビンゴカードのマスの数や割り振る数字の範囲によってゲームの時間が変わってくるのではないかと考えた。ビンゴ大会の時間は限られているため，最適なビンゴカードのマスの数や数の範囲をあらかじめ決めておく必要がある。そこで，ビンゴカードのマス数や使う数の範囲を変更した場合，何回目で完了する人が多いのかのシミュレーションを行うことにした。

問1　次の文章の空欄　オ　・　カ　に当てはまる数字を答えよ。また，　キ　に当てはまる文章を解答群の中から一つ選べ。

　ビンゴゲームのルールは，以下の通りである。
・マス目にランダムに番号が振られたカードを参加者に配布する。
・司会者はランダムに番号を一つずつ発表していき，参加者はカードに該当する番号があった場合，その番号をマークする。
・早く縦・横・斜めのいずれか連ねた者が勝ち（以下，「ビンゴ」という）となる。

　まず，ケンジさんは卓上でシミュレーションしてみることにした。図1のような3×3のカードを用意し，1～20までのいずれかの数字をランダムに割り振った。このマス数の場合，最短　オ　個目の数字が発表された時点でビンゴとなる。

9	20	1
18	5	8
11	13	7

図1　ビンゴカード

　仮に，司会者が以下の順で番号を発表したとする。

　　7→19→14→18→8→12→3→20→1→13→6→5→17→9→4→11→10→16→15→2
この場合，図1のカードは　カ　個目の数字が発表された時点でビンゴとなる。

次にケンジさんは，3×3のカードで1〜20までのいずれかの数字の範囲をランダムに割り振った場合についてシミュレーションプログラムを作成した。

プログラムを500回実行した結果の分布は次のようになった。横軸がビンゴまでの回数で，縦軸はその発生回数である。

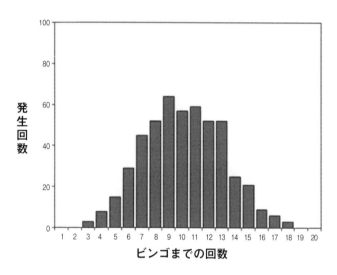

図2　シミュレーション結果

図2より，　キ　ということが読み取れる。

　　　キ　の解答群

⓪ 少なくとも5回，最後の20個目の数字でビンゴしている

① 11回目でビンゴした割合が最も多い

② 6回目でビンゴする割合は，15回目より多い

③ もう一度シミュレーションした場合は，発生回数が80回を超えるものが必ず現れる

問2　次に，3×3のマスのままで，数字の範囲を変更した場合，どのようにシミュレーション結果が変化するかを知りたいと考えた。数の範囲の最大値を10，15，20，25とした場合のシミュレーションをそれぞれ500回行った。図3はその結果である。

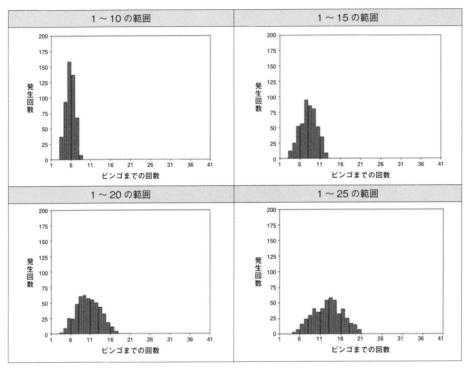

図3　シミュレーション結果

　この例の場合において，シミュレーション結果から**読み取れないこと**を次の⓪～③のうちから一つ選べ。　ク

⓪　数字の範囲が大きくなるにしたがって，ビンゴまでの回数のばらつきも大きくなる傾向がある。

①　1～10の範囲では，過半数が7回以内にビンゴすることが推測できる。

②　最頻値に注目すると，数字の範囲が大きくなるにしたがってビンゴまでの回数も多くなる傾向にある。

③　数字の範囲を広くするほど，最も早くビンゴする人の割合も多くなると推測できる。

問3 次に，数字の範囲と同時に，マス目の数を変更した場合にどのようになるかを検証することにした。下の図は，数字の範囲を1〜30，1〜40にしたものと，マス目を4×4，5×5にしたもののパターンを組み合わせて一覧にしたものである。シミュレーション結果について，空欄 ケ 〜 サ に当てはまる最も適当なグラフをそれぞれ⓪〜③のうちから一つずつ選べ。

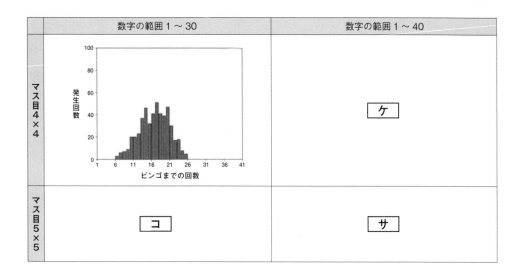

ケ 〜 サ の解答群

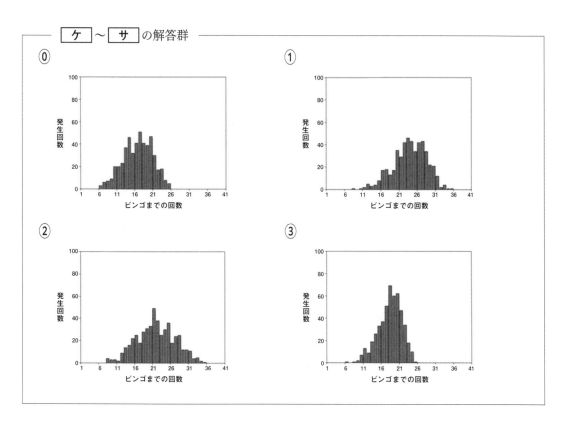

第3問　次の問い（問1〜3）に答えよ。（配点25）

問1　次の生徒（A）と生徒（B）の会話文を読み，空欄 $\boxed{\text{ア}}$ ・ $\boxed{\text{ウ}}$ に当てはまる数字を答えよ。また，空欄 $\boxed{\text{イ}}$ ・ $\boxed{\text{エ}}$ に入れるのに最も適当なものを，後の解答群のうちから一つずつ選べ。

A：昨日の放課後，友人Cとサイコロを使ったゲームで盛り上がったんですが，今から一緒にそのサイコロゲームをしませんか？

B：いいですね。どんなゲームなのかルールを教えてください。

A：参加プレイヤーは1つのサイコロを5回振ります。サイコロを振った際の出た目（出目）が奇数（1，3，5）であれば2ポイントが得点に加算されます。サイコロの出目が偶数（2，4，6）であれば3ポイントが得点から減算されます。この作業を5回繰り返したときの最終的な得点が最も高い人の勝ちというシンプルなゲームです。

B：なるほど，シンプルなルールですね。

A：例えば，サイコロを2回振った際の出目が3，4の順である場合の得点は，奇数が1回，偶数が1回出ているので，得点は−1点となり，残り3回サイコロを振った出目が1，5，4の順に出た場合の最終的な得点は $\boxed{\text{ア}}$ 点となります。

B：得点の計算方法も理解できたので，2人で今から対決してみませんか？

A：いいですね。でも，サイコロを持ってないので，情報の授業で学習したプログラミングを使って，このゲームをパソコン上で動くようにしてみましょう。

B：そうですね。せっかく授業で学んだプログラミングの知識をここで発揮しましょう。まずは何から考えていけばいいと思いますか？

A：今回はランダムにサイコロの目を出力する必要があるため，関数のプログラムを作って，サイコロを再現する方法を考えましょう。以下は，乱数を使う場合の関数の説明です。

【関数の説明と例】

> **乱数**（値）…0から引数として与えられた値までの範囲内で，ランダムな数値が生成され，その値が戻り値となる。
>
> 例：引数が3なら戻り値は0から3までの整数となる。

A：例えば，**乱数**（2）という関数を実行すると，$\boxed{\text{イ}}$ が戻り値の候補となります。サイコロの出目は1から6なので，関数にも少し工夫が必要です。

B：サイコロの出目を再現できるようになったら，次はサイコロの出目が奇数か偶数かを判定するプログラムが必要ですね。

A：偶数か奇数かを判断する方法は，判定したい値を $\boxed{\text{ウ}}$ で割った余りを調べるといいですね。

奇数の場合は　ウ　で割った余りが1，偶数の場合は　ウ　で割った余りが0になります。
例えば，3は奇数であり，4は偶数であることが判定できます。

B：この判定を行うとなると，プログラムの中で余りを計算する必要がありますが，どうしたらいいですか？

A：プログラムには色々な演算子（表1）があります。これらの演算子を利用して余りを求めることができますね。

表1　演算子の種類と使用例

種類	演算子	計算例	答え
加算	+	1 + 2	3
減算	-	5 - 3	2
乗算	*	3 * 2	6
除算	/	8 / 2	4
余り	%	7 % 2	1

B：例えば，2つの値を足す場合は +の演算子を使い，割り算を行う場合は　エ　の演算子を使えばいいですね。

A：その通りです。演算子を使い分けることで，さまざまな計算を行うことができます。

― 　イ　の解答群 ―

⓪ 0, 2　　　　① 1, 2　　　　② 0, 1, 2　　　　③ 1, 2, 3

― 　エ　の解答群 ―

⓪ +　　　　① -　　　　② *　　　　③ /　　　　④ %

問2　次の文章の空欄　オ　～　ケ　に入れるのに最も適当なものを，後の解答群のうちから一つずつ選べ。

B：うーん，もう少しプログラムを作るうえでヒントが欲しいですね。全体的な流れがわかるといいのですが。

A：それでは簡単なフローチャートを考えてみましょう（図1）。サイコロゲームの流れは，サイコロを振り，出目が偶数か奇数かを判定して，得点を計算する，といった行動を5回繰り返していますね。

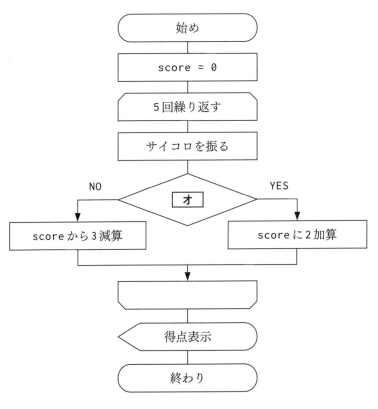

図1　サイコロゲームのフローチャート

B：フローチャートは処理の流れが可視化されて，わかりやすいです。分岐には　オ　を入れればいいですね。

　AさんとBさんは，これまでのヒントからプログラムを考えてみた（図2）。変数scoreには得点を求めるため初期値として0を，変数diceにはサイコロの目を求める関数を設定している。

```
score = 0
iを1から[ カ ]ながら繰り返す:
│ dice = [ キ ]
│ もし[ ク ]ならば:
│ │ score = [ ケ ] + 2
│ そうでなければ:
└ └ score = [ ケ ] - 3
表示する("得点:", score)
```

図2　サイコロゲームの得点を計算するプログラム

[オ]の解答群

⓪ 出目が偶数　① 出目が奇数　② scoreが0　③ scoreが1

[カ]の解答群

⓪ 5まで1ずつ増やし　① 6まで1ずつ増やし
② 5まで1ずつ減らし　③ 6まで1ずつ減らし

[キ]の解答群

⓪ 乱数(5)　① 乱数(6)　② 乱数(5) + 1　③ 乱数(6) + 1

[ク]の解答群

⓪ dice % 2 == 0　① dice % 2 == 1
② score % 2 == 0　③ score % 2 == 1

[ケ]の解答群

⓪ score　① dice　② i　③ i+1

問3　次の文章を参考に，図3のプログラムの空欄 コ ～ シ に入れるのに最も適当なもの
　　を，後の解答群のうちから一つずつ選べ。

A：プログラム（図2）が完成しましたね。これでサイコロゲームがコンピュータでも実行できる
　　ようになりました。
B：プログラムを動かしてみましょう。【2人でプログラムを実行してみた】

【実行結果】

> Aさんの表示　　得点：0
> Bさんの表示　　得点：5

A：きちんと動きました。Bさんの勝ちですね。もう少し白熱するようにゲームの要素を追加しま
　　せんか？　最後に特定の条件を満たした場合にボーナスポイントを与えるのはどうでしょう
　　か？
B：いいアイデアですね。それでは，偶数の出目が5回のうち4回以上出現した場合，現在の得点
　　に10点を追加するのはどうでしょう？
A：最後に大逆転が起こる可能性が出てきますね。
B：そうすると，プログラムを少し改変する必要がありますね。
A：まず（02）行目に偶数の目が出た回数をカウントするための変数gusuを設定します。初期値に
　　は0を設定し，（09）行目には偶数の出現回数をカウントするプログラムを追加したものが，
　　偶数の出現回数を追加したプログラム（図3）です。

```
(01)    score = 0
(02)    gusu = 0
(03)    iを1から カ  ながら繰り返す:
(04)    │ dice = キ
(05)    │ もし ク ならば:
(06)    │ │ score = ケ + 2
(07)    │ そうでなければ:
(08)    │ │ score = ケ - 3
(09)    └ └ gusu = コ
(10)    表示する("偶数回数:", gusu)
(11)    表示する("最終スコア:", score)
```

図3　偶数の出現回数を追加したプログラム

B：さらに，ボーナスポイントを加算する条件を設定する必要がありますね。

【追加条件】

```
もし  サ  ならば:
    score =  ケ  + 10
```

図4　追加条件のプログラム

A：追加条件のプログラム（図4）は偶数の出現回数を追加したプログラム（図3）の　シ　行目の下に入れると完成ですね。

　生徒（A）と生徒（B）は最後にプログラムを実行したところ，正しく得点が計算されていることを確認できた。

A：プログラムを作るのは大変だけど，一度作ると繰り返し行う計算を自動化することで時間を短縮することができますね。

B：さらにルールを途中で変える場合，プログラムを少し改変するだけで何度も繰り返し使えるなど再利用性や拡張性も高いですね。情報の授業でプログラミングを学習してよかったですね。

──　**コ**　の解答群 ───────────────────────

⓪ gusu　　　① gusu + 1　　　② gusu + score　　　③ gusu + dice

──　**サ**　の解答群 ───────────────────────

⓪ gusu > 4　　　① gusu < 4　　　② gusu >= 4　　　③ gusu <= 4

──　**シ**　の解答群 ───────────────────────

⓪ 3　　　　① 5　　　　② 8　　　　③ 9

第4問 次の文章を読み，後の問い（**問1～5**）に答えよ。（配点25）

　次の表1は，あるコンビニの2021年1月から2023年12月までの各月の一部の商品の売上個数と
その地域の月の平均気温を表した表である。

表1　あるコンビニの売上情報（個数）

年月	肉まん （個）	おにぎり （個）	アイスクリーム （個）	から揚げ （個）	平均気温 （℃）
2021 年 1 月	1,750	21,245	2,800	500	5.0
2021 年 2 月	1,700	23,917	2,900	799	6.2
2021 年 3 月	1,600	22,736	3,100	1,000	10.5
〜〜〜	〜〜〜	〜〜〜	〜〜〜	〜〜〜	〜〜〜
2023 年 10 月	1,650	20,894	4,100	1,200	16.2
2023 年 11 月	1,725	22,461	3,700	1,400	10.9
2023 年 12 月	1,800	22,500	3,160	1,100	5.4

　花子さんたちは，これらのデータから，各商品の売上個数や気温の関係について分析してみるこ
とにした。

問1　花子さんたちは，これらのデータから次のような仮説を考えた。表1のデータだけで分析で
きる仮説を，次の⓪～③のうちから一つ選べ。　ア

⓪ 1日の中で気温が高い日中帯はから揚げが売れるが，夜になると売れなくなるのではない
か。
① から揚げを買うお客さんは，セットでおにぎりを買う傾向があるのではないか。
② から揚げはチーズ味，中津から揚げ，ブラックペッパー味があるが，中津から揚げが一番
売れる傾向があるのではないか。
③ から揚げが売れる月には周期性があり，それは気温と関係しているのではないか。

問2 花子さんたちは表1の平均気温以外の項目に注目し，箱ひげ図にまとめた。これらから読み取ることができる最も適当なものを，後の⓪～③のうちから一つ選べ。なお，図2は表1をベースにした全商品の箱ひげ図，図3は肉まんとから揚げの売上個数の箱ひげ図である。各商品のデータ数（月数）は36か月である。 | イ |

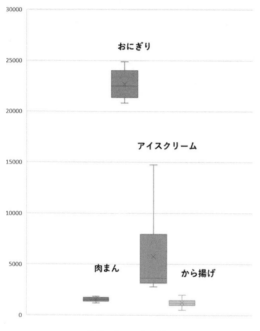

図2　表1の全商品

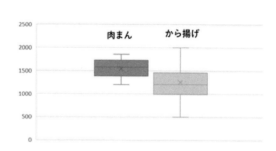

図3　肉まんとから揚げ（図2から抜粋）

⓪ どの月もアイスクリームが最も売れており，次に売れているのはから揚げである。

① おにぎりの売上個数が25,000個を下回った月数は約20か月である。

② 肉まん，から揚げともに1,000個以上売れた月数は18か月以上である。

③ アイスクリームは夏場にたくさん売れる傾向があり，その売上個数はおおよそ15,000個である。

問3　花子さんたちは，箱ひげ図だけでは正確な数値までは読み取れないと思い，各データの標準偏差や平均値などの項目を表2のようにまとめた。これらから確実に読み取ることができることとして最も適当なものを，後の⓪～③のうちから一つ選べ。　　**ウ**

表2　集計結果

	肉まん	おにぎり	アイスクリーム	から揚げ	平均気温
最大値	1,850	24,887	14,750	1,999	28.3
最小値	1,200	20,814	2,800	500	3.7
平均値	1,547.6	22,681.8	5,767.2	1,245.6	15.6
標準偏差	201.0	1,311.6	3,793.2	360.5	7.9
分散	40,391.0	1,220,307.3	14,388,529.8	129,991.2	62.6

⓪ 月の平均気温が28.3℃の月には，おにぎりは24,887個売れている。

① 最もデータの散らばり度合いが大きいのはおにぎりである。

② から揚げが最も売れなかった月のアイスクリームの売上個数は2,800個である。

③ から揚げが最も売れなかった月の個数とアイスクリームが最も売れなかった月の個数の差は2,300個である。

問4 花子さんたちは，肉まんとアイスクリームの売上個数について散布図と回帰直線を描いてみることにした。 エ ・ オ に当てはまる語句を，後の解答群の⓪～③のうちから一つ選べ。

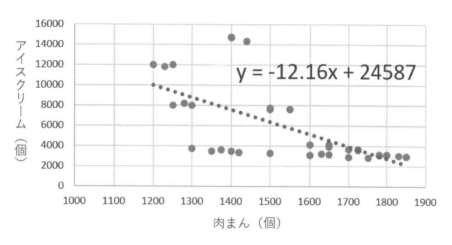

図4 散布図と回帰直線

このことより， エ ということが読み取れる。また，仮に肉まんの売上個数が500個の場合，アイスクリームの売上個数は，約 オ 個ということが予測できる。

─── エ の解答群 ───

⓪ アイスクリームが売れれば肉まんが売れる

① アイスクリームが売れれば肉まんが売れなくなる

② アイスクリームと肉まんの間には相関関係は読み取れない

③ 気温が高くなるとアイスクリームが売れる

─── オ の解答群 ───

⓪ 2,000

① 13,500

② 18,500

③ 24,500

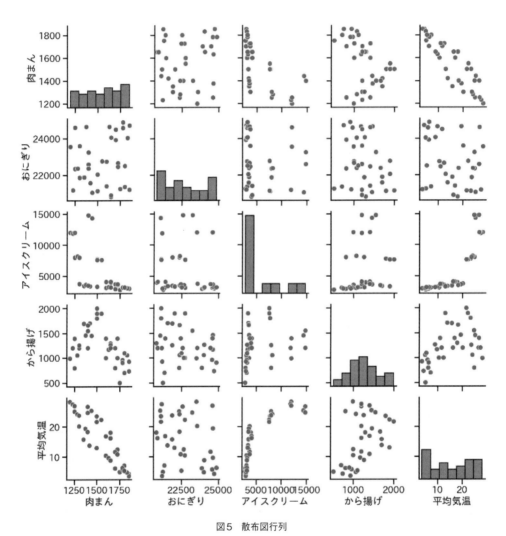

問 題

問5 花子さんたちは全項目をかけ合わせて相関係数や散布図やヒストグラムを簡単に作成できる Python（プログラム言語）の機能があることを知り，図5（散布図行列）と図6（相関行列）を作成した。これらから読み取ることができる最も適当なものを，後の⓪〜③のうちから一つ選べ。 カ

図5 散布図行列

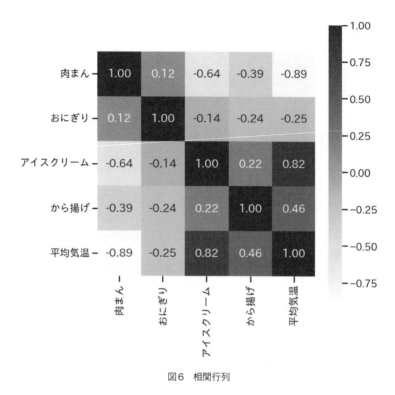

図6　相関行列

⓪ アイスクリームは10,000〜15,000個売れた月数の割合は7割以上である。

① 月の平均気温が高くなるほどアイスクリームとおにぎりが売れる傾向にある。

② 気温の影響が最も少ない商品はおにぎりでその次はから揚げである。

③ おにぎりとアイスクリームの相関係数は–0.64である。

解 答 と 配 点

問題番号 (配点)	設問		解答記号	正解	配点	問題番号 (配点)	設問	解答記号	正解	配点
第1問 (20)	1	a	アーイ	2 - 3	各1	第3問 (25)	1	ア	0	1
		b	ウ	3	1			イ	2	2
	2		ア	1	1			ウ	2	2
			イ	3	2			エ	3	1
	3		ア	1	2		2	オ	1	2
			イ	1	3			カ	0	2
			ウ	3	3			キ	2	3
			エ	0	2			ク	1	2
	4		ア	1	1		3	ケ	0	2
			イ	0	1			コ	1	3
			ウ	2	1			サ	2	3
			エ	3	1			シ	3	2
第2問 (30)	A	1	ア	1	2	第4問 (25)	1	ア	3	4
		2	イ	3	3		2	イ	2	4
		3	ウ	1	3		3	ウ	3	4
		4	エ	1	3		4	エ	1	4
	B	1	オ	3	2			オ	2	4
			カ	9	2		5	カ	2	5
			キ	2	3					
		2	ク	3	3					
			ケ	2	3					
		3	コ	3	3					
			サ	1	3					

(注)
- （ハイフン）でつながれた正解は，順序を問わない。

第1問

▶ まずは動画で確認！

■問1a ア ・ イ の解説

　SNSやインターネットを利用する際に注意するポイントとして，個人情報の取り扱い，著作権，情報の特性，情報の信憑性などを理解することが重要である。

⓪ 個人情報をSNS上の知り合いに教えることで，プライバシー侵害やストーカー被害，詐欺にあうリスクが高くなるため，個人情報を共有することは危険である。

① 友人が撮影した画像には著作権が発生するため，他者が利用する場合は注意が必要である。

④ ほかの人に転送を促すメールをチェーンメールという。転送する場合は情報の真偽を確かめる必要がある。

⑤ 信憑性を確かめるためには，複数の情報の照合，更新日や情報源などの確認が大切である。

　よって， ア ・ イ の正答は②と③である。（順不同）

■問1b ウ の解説

　情報セキュリティは，さまざまな情報を守る上で重要である。パスワード管理やマルウェア対策，暗号化などを総合的に理解していくことが重要である。

⓪ パスワードは本人以外知られてはいけないため，取引する銀行であっても教えてはいけない。

① ウイルス対策ソフトは日々新しいコンピュータウイルスに対応するため，定期的にアップデートを行う必要がある。違うウイルス対策ソフトを入れ直すことが対策とはならない。

② 公共のWi-Fiは暗号化されているか，どこのWi-Fiなのかなどを確認した上で，個人情報など重要な情報の扱いは慎重に行う必要がある。よって，安全性が保証されているとは限らない。

③ httpsはデータの安全性を保証してくれる重要な要素だが，これだけではそのWebサイトが信頼できるものであるかどうかは判断できない。信頼できる組織や企業が運営しているかなども考慮する必要がある。

　よって， ウ の正答は③である。

■問2 ア ・ イ の解説

　 ア は，本文で与えられた計算式を使って稼働率を求める問題である。

平均故障間隔および平均修理時間を求める上で，次の値が必要になる。

- ・稼働中の合計時間：100＋100＋50＋44＝294時間
- ・修理中の合計時間：2＋3＋1＝6時間
- ・故障回数：3回（修理が3回発生している）

上記をもとに，平均故障間隔と平均修理時間を求める。

　平均故障間隔＝稼働中の合計時間÷故障回数＝294÷3＝98

　平均修理時間＝修理中の合計時間÷故障回数＝6÷3＝2

　稼働率＝平均故障間隔÷（平均故障間隔＋平均修理時間）×100＝98÷（98＋2）×100＝98

　よって， ア の正答は①98となる。

　 イ は，各バックアップ方式の知識は与えられているため，その内容を考察する問題である。

⓪ 毎回全量を取得するフルバックアップが最もディスク容量が必要。→誤り

① 前日から増えた分だけバックアップを取得する増分バックアップが最も早く終わる。→誤り

② 月曜日はすべてのデータを取得しているので，いずれの方式も差がない。→誤り

③ 前日からの差分のみを取得しているので，すべて集める必要があるため正しい。→正解

　よって， イ の正答は③である。

解 説

■問3 ア ～ エ の解説

ア ・ イ は，真理値表とMIL記号を関連づけ，出力結果を求めることができるかが問われ
ている。AND回路，NOT回路のそれぞれの真理値表を使い，図1の真理値表を作成する。

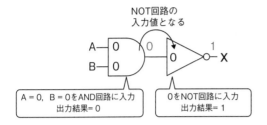

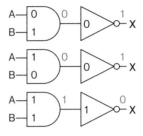

これらの結果を整理すると， ア の正答は①となる。

同様に， イ も選択肢⓪～③それぞれの回路図に0・1を当てはめ出力結果を求めていくことで，
イ の正答は①となる。 ア の真理値表とは違う出力結果の例を示す。

⓪ 入力値：A＝0，B＝1の時，X＝0

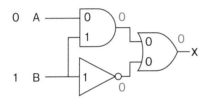

② 入力値：A＝0，B＝0の時，X＝0

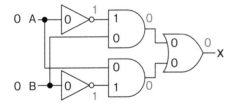

③ 入力値：A＝1，B＝0の時，X＝0

1 A ─── 1 ─── 1 ─── 0 ─── X
0 B ─── 0

ウ は，入力A，Bが論理回路を通る変化が論理式とし
て理解できるかが問われている。 イ① の論理回路では，
A，BそれぞれがNOT回路（否定）を通り，表1より$\overline{A}$と$\overline{B}$
が出力される。次に$\overline{A}$，$\overline{B}$がOR回路（論理和）を通り$\overline{A}$＋
$\overline{B}$となる。これより，論理式$\overline{A \cdot B} = \overline{A} + \overline{B}$が成り立つ。右
図のようにトレースするとわかりやすい。よって， ウ の
正答は③となる。

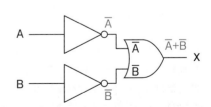

エ　は，画像A，画像Bの左上の画素を(1)(2)とすると，ともに白＝1である。A＝1，B＝1をOR演算すると，真理値表より出力結果1となり，重ね合わせをした画素は白となる。残りの画素も同じように行うと，　エ　の正答は⓪となる。

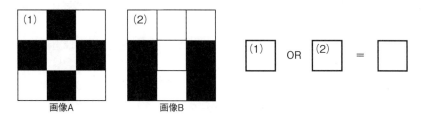

画像A　　　　　　　画像B

(1) OR (2) ＝ □

■問4　ア　～　エ　の解説 ⟋⟋⟋⟋⟋⟋⟋⟋⟋⟋⟋⟋⟋⟋⟋⟋⟋⟋⟋⟋⟋⟋⟋⟋

Ⅰは，ユーザ登録の画面遷移の流れを表している。ユーザ情報の入力画面→入力した内容の確認画面→登録完了画面と順番に遷移する。よって，特定の順番で情報が並んでいる状態や画面の遷移を指す方法である①順序が　ア　の正解となる。

Ⅱは，家電の種類を表している。これらは，同じレベルの重要性をもち，ユーザは自分の興味に応じていずれかの項目を選択できる。よって，同じレベルの重要性をもつ複数の要素が並んでいる状態を指す方法である⓪並列が　イ　の正解となる。

Ⅲは，ユーザ自身が18歳以上なら「はい」，そうでなければ「いいえ」を選ぶ画面である。一般的には，選んだ内容によって遷移する画面などが変わってくる。よって，ユーザの選択やアクションによって異なるコンテンツやページに進むことを指す方法である②分岐が　ウ　の正解となる。

Ⅳは，Webページの構造を表している。例えば，TOPページから会社概要，サービス，アクセスのページに遷移でき，サービスページからは，教材A，教材Bのページに遷移できることを表している。よって，情報が上下関係で整理されている状態を指す方法である③階層が　エ　の正解となる。

なお，今回の解答にはなかった「因果」とは，ある事象（原因）が別の事象（結果）を引き起こす関係を指す。Web内での例としては，製品のレビューページで「この製品を使ったことで効率がよくなった」というユーザのコメントを取り上げることなどが挙げられる。この場合，「製品を使った」ことが「効率がよくなった」という結果を引き起こしているという因果関係が存在しているといえる。また，ニュース記事やブログで，「Xが起こったためにYが発生した」といった形で事象のつながりを説明することもよくある。これによって，読者はなぜある事象が起こったのか，その背景にある理由を理解することができる。

第2問

■Aの問1　ア　の解説 ＼＼＼＼＼＼＼＼＼＼＼＼＼＼＼＼＼＼＼＼＼＼

　著作権の公表権に関する日常生活の事例を答える問題である。本文内で公表権についての概要は説明されているので，それに最も当てはまる事例を答えればよい。

⓪ これは肖像権やプライバシー権の侵害にあたる可能性があるが，ケンジさんの撮影した写真自体は公表していないので，公表権とは直接関係ない。→誤り

① ケンジさんが撮影した写真は彼の著作物であり，彼にはその作品を公衆に提供するかどうか決定する権利がある。ケンジさんの許可なく写真をSNS上にアップすることは，その公表権を侵害する行為となる。→正解

② ケンジさんの私生活に関する情報を公開することになるが，ケンジさんの撮影した写真は公表していないので，公表権の侵害にはあたらない。→誤り

③ 写真を自分で保管する行為は公表権とは関係ない。→誤り

　したがって，最も適当な答えは①「ケンジさんが撮影した風景の写真を，ケンジさんの許可を得ず自らがアカウントを所有するSNS上へアップした。」となる。

■Aの問2　イ　の解説 ＼＼＼＼＼＼＼＼＼＼＼＼＼＼＼＼＼＼＼＼＼＼

　Webページ閲覧の流れを，DNSサーバも含めて並べ替える問題である。

　DNSサーバはドメイン名とIPアドレスの対応表のようなものをもっている。

　Webページ閲覧の大まかなフローは，DNSサーバにドメイン名に対応するWebサーバのIPアドレスを問い合わせ（C），得られたIPアドレス（Webサーバ）（D）に対してWebページのデータを依頼する（A）。そして，WebサーバはWebページのデータを返却し（B），ブラウザに表示する流れとなる。

　よって，正解は③ C→D→A→Bとなる。

■Aの問3　ウ　の解説 ＼＼＼＼＼＼＼＼＼＼＼＼＼＼＼＼＼＼＼＼＼＼

　URLとHTMLに関する知識を問う問題である。HTMLファイルと画像ファイルは別々に管理されており，HTML内のタグで紐づけを行っている。

⓪ URLが「https」で始まっていることから，通信経路が暗号化された状態で送受信される。→正しい

① HTMLファイルを取得して中のタグを確認し，画像のリンクが定義されている場合は，その次のタイミングで画像を取得する。→誤り

② 画像①と画像②のドメインはexample.comなので同じサーバであると推測できる。しかし，画像③はexample.jpのため異なるサーバで管理されている可能性がある。なお，設定によって異なるドメインを同じサーバに割り振ることは可能である。→正しい

③ 画像①のURLに着目すると「/img/gazou1.jpg」となっているため，imgフォルダ内にgazou1.jpgが入っていることがわかる。→正しい

　　ウ　は「誤っているもの」を選ぶ問題のため，正答は①となる。

■Aの問4　エ　の解説 ＼＼＼＼＼＼＼＼＼＼＼＼＼＼＼＼＼＼＼＼＼＼

　与えられた条件をもとにデータの伝送時間を求める問題である。

　10Mbpsは1秒間に10Mビットのデータを伝送できる。単位をバイト（B）にするには，8bit＝1Bなので8で割ると1.25MB/秒となる。15（MB）÷1.25（MB/秒）＝12（秒）なので，①**12秒**が正解となる。

■ Bの問1 オ 〜 キ の解説 ⟩⟩⟩⟩⟩⟩⟩⟩⟩⟩⟩⟩⟩⟩⟩⟩⟩⟩⟩⟩⟩⟩⟩⟩⟩⟩⟩⟩⟩

オ は，横，縦，斜めのマスが3つなので，そのいずれかのマス目の数字が連続して出た場合は，最短3回でビンゴとなる。よって，正答は③（3個目）となる。

カ は，ビンゴのルールを理解できたかを実際に試す問題である。司会者の発表した順に〇をつけると，1が出た時点で一番右側の列がそろってビンゴとなる。よって，正答は⑨（9個目）となる。

9	⑳	①
⑱	5	⑧
11	13	⑦

キ は，図2のシミュレーション結果の考察問題である。

⓪ 図2の一番右側が20個目の数字に対応しているが，発生回数は0回である。→誤り

① 図2のグラフで一番高い棒は9回目であり，11回目ではない。→誤り

② 図2のグラフでビンゴまでの回数が6回目の棒に着目すると発生回数はおおよそ30回である。同様に15回目の棒に着目すると発生回数はおおよそ20回である。→正しい

③ 確率的モデルのシミュレーションはランダムで値が発生するため，必ず現れるとはいえない。→誤り

よって， キ は②が正解となる。

■ Bの問2 ク の解説 ⟩⟩⟩⟩⟩⟩⟩⟩⟩⟩⟩⟩⟩⟩⟩⟩⟩⟩⟩⟩⟩⟩⟩⟩⟩⟩⟩⟩⟩⟩⟩⟩⟩

ビンゴゲームで使う数の範囲の最大値を変更した場合に，どのようにシミュレーション結果が変わったかを比較する問題である。分布の特徴を押さえることが大切である。

⓪ 範囲が広がると分布の範囲（幅）が広がっていることがわかる。→正しい

① 左上の1〜10の範囲のグラフに着目すると，6回前後で山が非常に高くなっており，割合的に7回以内に過半数が集まっている。→正しい

② 最頻値は，各グラフで最も棒が高くなっている部分に着目する。1〜10の範囲はビンゴまでの回数が5回の山が最も高い。1〜15は7回，1〜20は9回，1〜25は13回なので，数字の範囲が大きくなるにしたがってビンゴまでの回数も多くなる傾向にあるといえる。→正しい

③ 数字の範囲を広くするほど分布が右側に偏る傾向があるので，ビンゴが遅くなる傾向にある。→誤り

ク はグラフから「読み取れないこと」を選ぶ問題のため，正答は③となる。

■ Bの問3 ケ 〜 サ の解説 ⟩⟩⟩⟩⟩⟩⟩⟩⟩⟩⟩⟩⟩⟩⟩⟩⟩⟩⟩⟩⟩⟩⟩⟩⟩⟩⟩⟩⟩⟩

これまでのシミュレーションの結果で得た知識や選択肢のグラフの特徴の違いを押さえて考察する必要がある。

コ は，数字が全部で30個なので，必ず30回以内でビンゴとなる。したがって，30回を超えているものがある選択肢①と②は除外される。

⓪の選択肢は，範囲が1〜30，マス目4×4とまったく同じグラフである。

マス目が多くなれば，早い段階でのビンゴが難しくなると予想できる。マス目4×4のグラフより，ビンゴまでの回数が少ないものの棒が⓪より低くなっている③のグラフが コ に当てはまる。

ケ ・ サ は，数字が全部で40個なので，最大値が40に近い①と②のグラフが候補となる。

マス目が多くなれば，早い段階でのビンゴが難しくなると予想できる。①と②のグラフでいえば，初期でのビンゴが少ないのが①，多いのが②となる。よって，マス目の少ない ケ に②のグラフが当てはまり，マス目の多い サ に①のグラフが当てはまる。

3

実践問題

219

第3問

■問1 ア ～ エ の解説 ＼＼／＼／＼／＼／＼／＼／＼／＼／＼／＼／＼／＼／＼／＼

 ア は，ルールを理解し得点の計算ができるか問われている。奇数なら2点加算，偶数なら3点減算であることから，奇数と偶数の出た回数を数える。3，4，1，5，4は奇数が3回，偶数が2回出現していることより，（3回×2点）−（2回×3点）＝0となり， ア の正答は ⓪（**0点**）となる。

 イ は，関数に引数を代入し，戻り値が求められるかが問われている。関数の乱数（値）は0から引数として与えられた値までの整数がランダムに出力されるので，0，1，2が戻り値となり， イ の正答は ②**0，1，2**となる。引数は関数に入力する値，戻り値は関数から出力される値である。

 ウ は偶数と奇数を判定する際の考え方が問われている。2で割り切れる場合（余りが0）は「偶数」，割り切れない場合（余りが1）は「奇数」と判定するため， ウ の正答は ②**2**となる。

 エ は，プログラムの中で用途に合った演算子を選ぶことができるかが問われている。割り算（除算）は「／（スラッシュ）」を使うことが表1よりわかる。よって， エ の正答は ③となる。掛け算（乗算）は「＊（アスタリスク）」を，表1には表記されていないが，割り算をした際の商を求める場合は「／／（スラッシュスラッシュ）」を使う。

■問2 オ ～ ケ の解説 ＼＼／＼／＼／＼／＼／＼／＼／＼／＼／＼／＼／＼／＼／＼／＼

 オ は，フローチャートの中の分岐で何が行われているかが問われている。プログラムを作成する前にフローチャートを書くことで効率よくプログラムを作ることができ，プログラムの構造と流れを可視化することができる。以下にフローチャートの主な記号を示す。

始めと終わり	演算などの処理	条件による分岐	反復の始まりと終わり

 反復処理の後にある分岐のYESではscoreに2加算，NOではscoreから3減算とあるので，ゲームのルールより，得点に2点加算するのは出目が奇数である場合であるため，分岐では「出目が奇数」かを判定する必要がある。よって， オ の正答は ①「**出目が奇数**」となる。

 カ ～ ケ について，プログラムを読む際は以下のポイントを押さえるとよい。

1. 上から下へと処理の流れを読む
2. 変数の表す内容を押さえる
3. 条件・反復に注意する

 図2のプログラムでは，順次構造の中に分岐構造が入っている。(01)行目には得点を表示するため，初期値0を変数scoreに設定している。(02)行目は(03)行目から(07)行目までを5回反復するものである。サイコロゲームの回数は1，2，3，4，5とカウントしていくため，1から5まで1ずつ加算しながら反復していることがわかる。よって， カ の正答は ⓪「**5まで1ずつ増やし**」となる。

 (03)行目はサイコロを振る関数で，乱数を使ってサイコロの出目を変数diceに値を格納している。乱数の説明に「0から引数として与えられた値までの範囲内で，ランダムな数値が生成され，その値が戻り値となる。」とあり，0から始まることに注意しなければならない。サイコロの出目は1から6までなので，乱数(5)に1を加算するため， キ の正答は ②「**乱数(5) + 1**」となる。

 (04)行目はサイコロの出目が奇数かを判定している。サイコロの出目が格納される変数diceを2で割っ

た余りが1であるかどうかを判定し，余りが1の場合は(05)行目を実行し，そうでなければ(07)行目を実行する。余りを求める演算子は表1より「%」を使うため，「dice % 2 == 1」が入る。「==」はdice % 2の結果と1が等しいかを比較するための比較演算子である。よって，　ク　の正答は①dice % 2 == 1となる。

(05)行目，(07)行目の変数scoreはサイコロの出目に応じて変化する。出目が奇数なら現在のscoreの値に2を加え，その結果を再びscoreに代入している。例えば，1回目のサイコロの出目が奇数の場合，scoreの初期値は0であるため，score = 0（scoreの初期値）+ 2（2点加算）の実行により，scoreの値は2，2回目も奇数が出た場合，score = 2（現在のscoreの値）+ 2（2点加算）となりscore = 4となる。よって，　ケ　の正答は⓪scoreとなる。

■問3 　コ　～　シ　の解説

図3の(09)行目は偶数が出た回数をカウントするためのプログラムが入る。偶数が出た場合，変数gusuに1を加算するため，正答はgusu = gusu + 1となり，　コ　の正答は①gusu + 1となる。

次に，ボーナスポイントが発生するのがどのような条件なのかを読み取らなければならない。問題文には「偶数の出目が5回のうち4回以上出現」とあることから，　サ　の正答は②gusu >= 4となる。

追加条件のプログラムを追加する場所は，サイコロを5回振った後に，ボーナスポイントが追加されるか（偶数が4回以上出現したかどうか）を判定する必要があるため，(03)行目から(09)行目までの反復処理がすべて終わった後に図4のプログラムを実行しなければならない。よって，(09)行目の下に追加条件を入れるため，　シ　の正答は③9行目となる。

第4問

■問1　ア　の解説 \|\|\|\|\|\|\|\|\|\|\|\|\|\|\|\|\|\|\|\|\|\|\|\|\|\|\|\|\|\|\|

　表1のデータだけで分析できる仮説が問われている。つまり，表1にない項目に関する分析はできないことになる。

⓪ 気温は月の平均気温であり，日ごとの時間帯別の気温や売上情報の項目はないため分析できない仮説となる。→誤り

① 月間の売上個数の合計値であり，顧客ごとの売上情報の項目は存在しないため分析できない仮説となる。→誤り

② から揚げの種類に関してのデータがないため分析できない仮説となる。→誤り

③ 3年分のデータがあるため，から揚げの売上個数と気温と月の項目から分析できる仮説である。→正解

　よって，　ア　の正答は③となる。

■問2　イ　の解説 \|\|\|\|\|\|\|\|\|\|\|\|\|\|\|\|\|\|\|\|\|\|\|\|\|\|\|\|\|\|\|

　箱ひげ図同士を比較し読み取れることが問われている。各選択肢で出てくる内容が箱ひげ図のどこに該当するかを突き合わせることで正答を導くことができる。

⓪ 図2に注目すると，おにぎりが常に20,000～25,000の範囲にあり，売上個数ではおにぎりがどの月もトップである。つまり，最も売れているのはアイスクリームではない。→誤り

① 図2の25,000の線に注目すると，おにぎりの最大値の線が25,000を下回っている。つまり25,000個を売り上げた月は一度もないことになる。→誤り

② 図3の1,000の線と肉まんとから揚げそれぞれの第2四分位数の線に注目すると，両方とも第2四分位数（中央値）が1,000を上回っている。つまり，36か月中半数（18か月）以上で1,000個以上売れていることがわかる。→正解

③ 一般論では夏場に売れそうだが，この箱ひげ図からは読み取れない。→誤り

　よって，　イ　の正答は②となる。

■問3　ウ　の解説 \|\|\|\|\|\|\|\|\|\|\|\|\|\|\|\|\|\|\|\|\|\|\|\|\|\|\|\|\|\|\|

　表2の最大値，最小値，平均値，標準偏差，分散から読み取れることが問われている。各選択肢で出てくる内容が表2のどの項目に該当するかを突き合わせることで正答を導くことができる。

⓪ 月の平均気温が28.3℃，おにぎりが24,887個はお互いに最大値ではあるが，それぞれ独立した項目のため，その関係性まで読み取ることはできない。→誤り

① データの散らばり度合いを表す値は標準偏差および分散で，値が大きいほど散らばりが大きくなる。おにぎりよりもアイスクリームのほうの値が大きいので，最も散らばり度合いが大きいのはおにぎりではない。→誤り

② アイスクリームの最小値は2,800個だが，から揚げの最小値と独立した項目のため，その関係性まで読み取ることはできない。→誤り

③ から揚げが最も売れなかった月の個数は500個，アイスクリームが最も売れなかった月の個数は2,800個，2,800－500＝2,300である。→正解

　よって，　ウ　の正答は③となる。

■問4 エ ・ オ の解説 ///

　エ は散布図の読み取り問題である。散布図が右下がりであることから，アイスクリームの売上個数と肉まんの売上個数には負の相関関係があることが読み取れる。つまり，①「**アイスクリームが売れれば肉まんが売れなくなる**」が正解となる。③「気温が高くなるとアイスクリームが売れる」については，一般論では正しそうだが，散布図に気温の項目がないため，図4からだけでは読み取れない。

　よって， エ の正答は①となる。

　オ は回帰直線の式である回帰式を用いて値を推測する問題である。x軸は肉まん，y軸はアイスクリームである。回帰式は，y＝-12.16x＋24587である。肉まんの売上個数が500個の場合とあるので，xに500を入れて計算すれば求められる。

$$y = -12.16 \times 500 + 24587$$
$$= 18{,}507$$

　よって，選択肢の中で最も近い②**18,500**が オ の正答となる。

■問5 カ の解説 ///

　図5の散布図行列，図6の相関行列の読み取り問題である。全項目を組み合わせた図のため複雑に思うかもしれないが，各選択肢で問われている部分だけに特化して見ればよく，全項目を見る必要はない。

⓪ 図5の真ん中にあるヒストグラムに注目する。左側の目盛りは散布図に対応しているので，これと間違えないように注意が必要である。対応する売上個数の目盛りは下側の目盛りである。グラフの棒の長さは全36か月のうちどれくらいの月数だったかの全体割合がわかり，5,000個以下の月が大半ということが読み取れる。よって，「10,000〜15,000個売れた月数の割合が7割以上」ではない。→誤り

① 図6の相関係数に注目する。平均気温とアイスクリームの相関係数は0.82と強い正の相関があるので正しい。しかし，平均気温とおにぎりは-0.25と弱い負の相関があるため，おにぎりの売上はやや減る傾向にある。→誤り

② 平均気温と各商品の相関係数は以下の通りである。

　　肉まん　　　　　　-0.89
　　おにぎり　　　　　-0.25
　　アイスクリーム　　0.82
　　から揚げ　　　　　0.46

絶対値が0に近いほど相関が弱くなり気温の影響を受けにくくなる。絶対値が0に近い順に，おにぎり→から揚げ→アイスクリーム→肉まんなので，正しい選択肢である。→正しい

③ おにぎりとアイスクリームの相関係数は-0.14である。→誤り

　よって， カ の正答は②となる。

講義形式で学ぶ「情報Ⅰ」大学入学共通テスト問題集
© NOSHIRO Shigeo, AKIYOSHI Yuuki, UEGAKI Shinichi, 2024

NDC007/223p/26cm

第1刷————2024年4月1日

著者————能城茂雄・秋吉祐樹・植垣新一

発行者————鈴木一行

発行所————株式会社 大修館書店

〒113-8541 東京都文京区湯島2-1-1
電話 03-3868-2651（営業部）/ 03-3868-2290（編集部）
振替 00190-7-40504
［出版情報］https://www.taishukan.co.jp

装丁・
本文デザイン————千葉優花子（next door design）

印刷・製本——共同印刷株式会社

ISBN978-4-469-27301-4　Printed in Japan